Tirso de Molina

Desde Toledo a Madrid

Barcelona 2026
Linkgua-ediciones.com

Créditos

Título original: Desde Toledo a Madrid.

© 2026, Red ediciones S.L.

email: info@linkgua.com

Diseño de la colección: Michel Mallard.

ISBN rústica ilustrada: 978-84-9953-616-3.
ISBN tapa dura: 978-84-1126-258-3.
ISBN ebook: 978-84-9897-176-7.

Sumario

Brevísima presentación

La vida

Tirso de Molina (Madrid, 1583-Almazán, Soria, 1648). España.

Se dice que era hijo bastardo del duque de Osuna, pero otros lo niegan. Se sabe poco de su vida hasta su ingreso como novicio en la Orden mercedaria en 1600 y su profesión al año siguiente en Guadalajara. Parece que había escrito comedias, al tiempo que viajaba por Galicia y Portugal. En 1614 sufrió su primer destierro de la corte por sus sátiras contra la nobleza. Dos años más tarde fue enviado a la Hispaniola (actual República Dominicana), regresó en 1618. Su vocación artística y su actitud contraria a los cenáculos culteranos no facilitó sus relaciones con las autoridades. En 1625, el Concejo de Castilla lo amonestó por escribir comedias y le prohibió volver a hacerlo bajo amenaza de excomunión. Desde entonces solo escribió tres nuevas piezas y consagró el resto de su vida a las tareas de la orden.

Esta comedia tiene su antecedente en el tercer capítulo de la novela de Triso de Molina *Cigarrales de Toledo*. Un hombre celoso y despechado, en una noche de pendencia, entra huyendo de la justicia en la alcoba de una dama. El encuentro hará que los dos se cuestionen la vida a la que parecen destinados ante la posibilidad de un nuevo y verdadero amor. Doña Mayor, es una dama toledana que se va a casar por compromiso en Madrid, al día siguiente. Don Baltasar, pretende conquistarla. Durante dos jornadas de viaje entre Toledo y Madrid, asistimos a una lucha contra el tiempo, urdida

7

por los amantes. Él disfrazado de mozo de mulas y ella, desplegando todos los sutiles ardides de la inteligencia femenina. Tirso utiliza todo su ingenio y sabiduría en el retrato de unos personajes frágiles pero llenos de determinación, dispuestos a seguir los impulsos de sus pasiones y rebelarse contra lo establecido.

Desde Toledo a Madrid

Personajes

Carreño, criado
Carreteros
Casilda, criada
Don Alonso, viejo
Don Baltasar
Don Diego
Don Felipe
Don Luis
Doña Elena
Doña Mayor
García, criado
Medrano, cochero
Pacheco, criado

Jornada primera

(Don Baltasar, en traje bizarro de camino, baja por la escalera envainando la espada.)

Baltasar   Milagro fue no matarme,
            cuando el tejado salté.
            La casa ignoro en que entré.
            ¿Si en ella podré librarme
            de la justicia? Escalera
            es ésta, luz hay aquí.
            Si le maté, defendí
            mi vida. La vez primera
            que llego, Toledo, a verte,
            ¿de este modo me recibes?
            ¿A extranjeros apercibes
            agrados y a mí la muerte?
            Ruido en la calle siento;
            diligencias por mí hará
            la justicia; abierto está
            y con luz este aposento;
            entraré a favorecerme
            en él de quien le habitare.

(Viénese a la alcoba.)

            Su piedad mi vida ampare;
            que bien puedo prometerme
            de la autoridad y traza
            de esta noble habitación
            que sus señores lo son:

el riesgo que me amenaza
asegura la nobleza
que en tales casas se cría.

(Cierra de golpe la puerta de la alcoba.)

Sin advertir lo que hacía,
cerré la puerta. La pieza
está tan bien adornada,
que califica a su dueño.
¡Señores!¿No hay nadie? Al sueño
el que habita esta posada
pagará el común tributo.
Una cama de tabí
está descompuesta aquí:
socorro pido sin fruto.
Poco ha que sola quedó,
porque entre su ropa advierto
que, a semejanza del muerto
que el alma desamparó,
conserva el calor vital
en muestras de lo que fue.
¡Válgame el cielo!¿Qué haré?
¿Vióse confusión igual?
Hallándome aquí encerrado,
doy sospecha a una bajeza,
indigna de la nobleza
que mi sangre ha profesado.
¿No es mejor salir y dar
cuenta al dueño de esta casa
del infortunio que pasa
por mí, y humilde obligar

su generoso favor?
¿Quién lo duda?

(Procura abrir la puerta y no puede.)

  ¡Ay Dios! la puerta
que halló mi temor abierta
la cerró el mismo temor.
¿Qué es esto, enemiga estrella?
De golpe es, y sin la llave,
solo amor y el hurto sabe
averiguarse con ella.
Si arranco la cerradura
con la daga, soy perdido,
pues los golpes y el ruido,
que al dueño avisar procura,
ha de aumentar la sospecha
de quien puertas descerraja:
por todas partes me ataja
la fortuna, satisfecha
de ordinario en perseguirme.
¡Válgame Dios!¡Qué de cosas
se eslabonan prodigiosas,
de que no puedo evadirme!
¿Hay sucesos más atroces?
Si el huésped viene y me ve
aquí, ¿cómo prevendré
¡cielos! las primeras voces
que han de alborotar la casa
y calle, que me persigue,
antes que cortés le obligue
a escucharme lo que pasa?

Una ventana hay aquí;
echarme de ella es mejor.

(Asómase.)

Su altura me causa horror.
¡Cielos! ¿Dónde me metí?
Mujer parece que mora
esta cuadra; estrado es éste,
porque más riesgos me apreste
mi estrella perseguidora;
pues claro está que al instante
que me vea, hará mayor
mi presencia su temor,
y que no ha de ser bastante
mi humildad a asegurarla.
Sí, mujer es principal;
que tanto adorno y caudal
basta, ausente, a autorizarla.
Sillas bajas, contadores,
bufetillos de marfil
y ébano, ajuar femenil,
arquillas, aguas de olores
en pomos (si ya no son
Jordanes, cuyas virtudes
efímeras juventudes
venden a la ostentación)
publican quién es el dueño.
Sobre este bufete están
ropa y basquiña, que dan
muestra de no ser pequeño
el valor de quien las viste.

Apenas el oro en ellas
permite lugar de verlas:
a venir yo menos triste,
en la beldad contemplara
de quien son curiosa esfera.
Encima la cabecera
(¡qué poco el temor repara!),
hay medias y zapatillas,
en cuyo ámbar y rosetas
pudieran gastar poetas
dos resmas de redondillas.
¡Qué pequeña el alma es
que se organiza en su estrecho!
Traiga este melindre al pecho
quien le calza, y no en los pies.
Las ligas, aunque dobladas,
muestran la curiosidad
de su limpia ociosidad,
guarnecidas y encarnadas.
Almohadilla y bastidor
está sobre aquel estrado;
no es tan ocioso el cuidado
de quien hace esta labor.
De cera es esta bujía,
y de plata el candelero;
al paso que considero
la autoridad, policía
y adorno que viendo estoy,
crece en mí con el respeto
el recelo: a extraño aprieto
forzosos motivos doy.
¿No será bueno matar

la vela, por si entra a oscuras,
y sin verme, mis venturas
me pueden fuera sacar?
Sí; que detrás de la puerta,
en acabando de abrir,
seguro podré salir.
Pero no; que la luz muerta,
los indicios acreciento
de mi sospechosa entrada.
Si de gente acompañada
vuelve, y en este aposento
me ven, ¿quién podrá obligarlos
a que mis desgracias crean?
¡Qué de males me rodean!
¡Qué mal que puedo excusarlos!

(Paséase.)

Mucho tarda: ¿qué he de hacer?
Rendiré a sus pies mi espada;
pero estando ensangrentada,
más la obligaré a temer
que a lastimarse de mí.
Persuadiréla cortés,
arrojándome a sus pies;
podrá ser la obligue así.
Y cuando no, y voces diere,
padre o tío acudirá,
que piadoso escuchará
lo que humilde le dijere;
lastimaráse de un caso
tan digno de su favor,

hará alarde su valor,
dando a mis desdichas paso,
desmentirá mi presencia
sospechas ocasionadas;
de mocedades pasadas
su vejez tendrá experiencia;
diréle cúyo hijo soy...
Si en Córdoba acaso estuvo,
o noticia alguna tuvo
de mis padres, libre estoy.
Algo aliente mi sosiego
con esto. ¡Qué de ello tarda!
¡Lo que padece el que aguarda!
Cada vez que a tocar llego
la cerradura, imagino
que tengo de hallarla abierta.
¡Que cerrase yo la pucrta!
Nunca es cuerdo el desatino.
Cansado de pasearme
estoy; quiérome asentar.

(Se sienta en una silla a la cabecera de la cama.)

Anoche con caminar,
ahora con desvelarme,
en el sosiego primero
convido al sueño y reposo;
mas no duerme el cuidadoso
que espera lo que yo espero.
¡Válgame Dios! ¿si murió
el ignorante atrevido
que, ciego e inadvertido,

por otro me acometió?
«Confesión», dijo.¡Oh enfadoso
sueño, que a quien le tributa,
si como pobre ejecuta
cobra como poderoso!
Por lo menos dormitar
se me puede permitir;
que al ruido del abrir
fácil será despertar.

(Duérmese, y pocos momentos después abren la puerta. Salen Casilda y doña Mayor.)

Mayor   Jurara, Casilda, yo
                    que me dejé abierto aquí.

Casilda   Si cerró el viento tras ti,
                    tu descuido reprendió.

Mayor   Esta vez pensé quedar
                    sin padre.

Casilda   Cuando muriera,
                    nunca otro mal nos viniera.

Mayor   ¿Estás loca?

Casilda   Es un pesar
                    el de herencias, según siento,
                    que, aunque cubierto de luto,
                    llora risas por el fruto
                    que espera, como el sarmiento.

No son mortales los daños
que la hacienda consoló.

Mayor   Más quiero a mi padre yo;
Dios me le guarde mil años.
¡Rigurosos accidentes!

Casilda   Jurara que se moría.

Mayor   Ya duerme.

Casilda   Tal batería
hubo de paños calientes.

Mayor   ¡Qué enfermedad tan pesada!

Casilda   En los viejos es común;
que en ellos, sin ser atún,
no come el mal sino hijada.

Mayor   Vete, Casilda, a acostar,
pues hay luz en mi aposento.
¿Qué hora es?

Casilda   Campanas siento,
que deben de despertar
al alba.

Mayor   ¿Tan tarde?

Casilda   ahora
madruga la primavera,

de las flores camarera,
y abotónalas, señora.

Mayor   ¿Poetizas?

Casilda   ¿Qué he de hacer?
Andar al uso es razón;
de críticos y vellón
no nos podemos valer;
probóme también la tierra.
¿Cuándo piensas levantarte?

Mayor   A las diez.

Casilda   Vendré a llamarte
y a vestirte.

Mayor   Vete y cierra.

(Vase Casilda con la luz que trajo, y cierra.)

Mayor   Durmiera yo con sosiego,
de desvelos jubilada,
a estar desembarazada
el alma, que al gusto entrego
de mi padre, más que al mío.
A casarme a Madrid voy,
y enamorada no estoy;
voluntad ¿no es desvarío?
Diréis que sí, y con razón;
que tiene (o será ignorancia)
amor la primera instancia

y esotro la apelación.

(Quítase el rebozo.)

> Dormir sobre ello es forzoso.
> Ni le quiero mal ni bien;
> no resistiendo el desdén,
> bien me suena esto de esposo.
> Componer mi cama quiero.
> ¡Ay cielos! ¿quién está aquí?
> Muerta soy. ¡Triste de mí!

(Cae desmayada con el candelero en la mano; apágase la luz y al ruido de la caída despierta don Baltasar [y habla como entre sueños dos versos].)

Baltasar   No hay prisión donde hay acero:
> ofendíle acometido.
> Aun no debo estar despierto.
> O se ha gastado o se ha muerto
> la luz. ¡Qué de ello he dormido!
> ¡Ay cielos! ¿Quién está aquí?
> Un bulto siento a mis pies.
> ¡Jesús mil veces! ¿Quién es?
> ¿Si el hombre a quien muerte di
> viene por disposición
> del cielo a enfrenar mi vida?
> Sin culpa fui su homicida;
> él se buscó la ocasión:
> esfuerzo, animad el pecho,
> y averiguad desventuras.
> ¡Cerrado, solo y a oscuras

en tan no esperado estrecho!
¡Válgame Dios! si el sentido
del tacto vengo a creer,
esta que toco es mujer;
los cabellos y el vestido
aumentan mi confusión.
¡Oh siempre engañoso sueño!
¿Si es el esperado dueño
de esta noble habitación?
Sin duda debió de entrar,
y el asombro repentino
de verme aquí cuando vino,
la debió de desmayar.
No pulsa el vital calor,
su frente parece hielo.
¿Si es muerta?¿Hay más males, cielo;
todo esta noche rigor?
Abierta se dejaría
la puerta, si descuidada
la espanté desde la entrada.

(Alza la vela del suelo.)

¿Qué es esto?¿Otra luz traía?
Huyendo quiero excusar
la muerte que espero cierta;
a tiento busco la puerta;
pero mal la podré hallar
si, impidiendo mi salida
la fortuna, la cerró;
¡mi verdugo he sido yo!
Con una mujer sin vida,

y aquí encerrado, quien venga
¿qué satisfacción oirá,
o qué excusa obligará
a que compasión me tenga?

(Pónele a tiento la mano sobre el corazón; ásela de los brazos, y procura volverla en sí.)

Podrá ser que viva esté.
Saltos le da el corazón,
que del mío alientos son.
¿Cómo en sí la volveré?
Señora, señora mía,
alentaos, volved en vos,
no temáis.

Mayor   ¡Madre de Dios!

Baltasar   Ya torna.

Mayor   ¡Virgen María!

Baltasar   Viviendo, restituís
otra vida, que aunque ignora
quién sois...

(Doña Mayor se levanta asustada, teniéndola don Baltasar de los brazos.)

Mayor   ¿Qué es esto? ¡A tal hora
y en tal parte, don Luis?
¿El tiempo cohecháis al sueño,

y para que más me ofenda,
hurtáis vuestra misma hacienda,
que hoy creyó llamaros dueño?
¿Tanto hay desde aquí a dos días
que acortáis al vicio plazos?
Soltad, descortés, los brazos
que aborrecen groserías;
no intentéis, amante falso,
hazañas que desdoráis,
mientras liviano trocáis
el tálamo en cadalso;
que es bárbaro proceder
el que mancha vuestra fama,
aun para una común dama,
cuanto y más vuestra mujer.
Pues si la ocasión buscasteis
en que mi padre estuviese
enfermo, y la noche os diese
el tiempo que malograsteis,
vuestro grosero interés
ha despertado mi olvido;
que no será buen marido
quien fue amante descortés.
Mal voluntad granjeáis
que de vos haciendo caso...

Baltasar   Paso, mi señora, paso;
que no soy el que juzgáis.
No deis voces, sosegaos,
lastimaos de mí, por Dios.

Mayor   ¿Cómo? ¿No sois don Luis vos?

Baltasar	No, señora; reportaos.
Mayor	¡Ay cielos!
Baltasar	Un caballero,

de su estrella aborrecido,
y esta noche perseguido
de desgracias, forastero
(y tanto que ayer llegué
a esta ciudad) acosado
de la justicia, al sagrado
de esta casa, donde entré,
peligros atropellando,
pide en su naufragio puerto.
Dejé a un ignorante muerto;
sentí venirme alcanzando
quien solo pone temor
con el nombre y la presencia;
no sabe hacer resistencia
con la justicia el valor;
excusé con retirarme
ímpetus de la crueldad;
la noche y comodidad
de estas calles a ampararme
se ofrecieron. Entré en una
estrecha (las más lo son),
metióme mi confusión,
guiada de mi fortuna,
por una casa pequeña;
a su tejado subí;
salté al de ésta desde allí;

el temor todo lo enseña.
Él me guió a que bajase
por la escalera presente;
vi luego esta cuadra enfrente;
entré, y sin que consultase
al discurso, la cerré,
haciendo imposible así
mi salida; requerí
puerta y ventana; esperé,
y de discursos cansado,
de temores combatido,
de puro velar dormido,
y durmiendo desvelado,
di la ocasión lastimosa
que a declararos me atrevo;
aunque si con ella os muevo
a compasión, ya es dichosa.

Mayor   No sé si compadecerme
de vos o si me engañáis;
que los que de noche entráis
donde sin recelos duerme
el recato, ya traviesos,
ya indignos usurpadores
de las haciendas y honores,
soléis disculpar excesos
con desgracias que fingís,
y lástimas que inventáis;
puesto que ocasión me dais,
conforme vos la decís,
de que a la parte mejor
atribuya este accidente;

que a no estar vos inocente
de culpas, contra el valor
que esas palabras arguyen
siempre los atrevimientos
se acompañan de instrumentos
que las llaves sustituyen.
Lámpara hay en la escalera;
esperadme aquí, y traeré
una luz.

Baltasar   Dichosa fue
mi desdicha; ya quisiera
ver dueño de discreción
tan digna de celebrar.
La vela debéis buscar.

Mayor   Matóla mi turbación.

Baltasar   Y yo en el suelo la hallé,
examinando asustado
peligros de mi cuidado.

Mayor   Dádmela y la encenderé.

Baltasar   Veisla aquí; tomad.

Mayor   ¿Qué es de ella?

Baltasar   Ésta es.

Mayor   Esperadme aquí.

(Abre la puerta y vase.)

Baltasar   Manteca de azahar sentí
al tocarla; si es tan bella
como blanda, suerte mía,
será, afrentando el metal,
candelero de cristal
el trono de la bujía.

(Vuelve doña Mayor con luz.)

¡Qué divina perfección!
Poco a poco resplandece
la mañana que enriquece
flores que su afeite son;
pero tanta agregación
junta, al mismo Sol cegara;
luz los ojos, luz la cara,
luz en las manos también.
Pródiga de luces, ten,
que más te quisiera avara.
Si tantos rayos produces,
¿qué hará, cuando a veros llega,
la voluntad que se anega
entre piélagos de luces?
Si a los ojos las reduces,
ellos sobran; da lugar
a que te puedan mirar
los que deslumbrar procuras;
que mejor me estaba a oscuras,
si por verte he de cegar.

Mayor	¡Bien al huésped aplaudís
	que ahora necesitáis!
	¡Bien la opinión restauráis
	que cortés restituís!
	Aunque lisonjas fingís,
	obligada las acepto,
	no poco ufana, os prometo,
	que os haya en algo servido,
	por el talle, bien nacido,
	por las palabras, discreto.
	¿De dónde sois?
Baltasar	Cordobés.
Mayor	¿Dónde asistís?
Baltasar	En Madrid.
Mayor	Y ¿a qué venís acá?
Baltasar	Oíd.
Mayor	Dejadlo para después;
	que amanece ya.
Baltasar	Interés
	será tener ocasión
	de volveros a ver.
Mayor	Son
	mis males más presurosos.

Baltasar	¿Cómo?
Mayor	Rigores forzosos violentan mi inclinación. Cásanme, y llévanme fuera de Toledo.
Baltasar	¿Cuándo? (¡Ay cielos!)
Mayor	Esta tarde.
Baltasar	(Entrad por celos, amor, para que yo muera.)
Mayor	Madrid mañana me espera para cautivarme.
Baltasar	Ya Madrid madrastra será. Y ¿esperaos el venturoso, mi enemigo y vuestro esposo, allí?
Mayor	No.
Baltasar	Luego ¿aquí está?
Mayor	Por mí vino. ¿Pasáis vos adelante?
Baltasar	Pasaré... de amor a celos, en fe

de que me matáis los dos.
¿Qué es esto, tirano dios?

Mayor   ¡Qué adelante pasáis!

Baltasar   Más
de lo que pensé jamás;
que amor que celoso adora
pasa adelante, señora,
en vez de volver atrás.
Mas cuando no a acompañaros,
mal dejará de seguiros
quien adelanta suspiros
que vuelan a aposentaros.

Mayor   Ni quiero crédito daros,
ni admitir empeños puedo;
que puesto caso que quedo
entretenida en oírlos,
no podré restituirlos
en saliendo de Toledo.
Yo he de casarme en llegando;
¿de qué sirve edificar
torres que se han de quedar
en los cimientos? Buscando
con los pensamientos ando
cómo sacaros de aquí,
sin que corra en vos y en mí
riesgo el crédito y honor,
y entre todos el menor
es peligroso.

Baltasar	¡Ay de mí!
	Que os pierdo al tiempo que os gano.
Mayor	Mas fuerza es daros remedio.
	La cuadra, pared en medio,
	es de don Pedro mi hermano;
	solo fía de mi mano
	la llave, cuando se ausenta;
	estálo ahora: si intenta
	vuestra cordura no dar
	en casa que sospechar
	(que temo que alguno os sienta),
	que os encerréis me parece
	en ella, mientras que pasa
	la noche, y se abren en casa
	las puertas, pues ya amanece.
	Este medio se me ofrece;
	[...]
	pues tiene luego de entrar
	tanto deudo a despedirse
	que, abriéndoos, sin advertirse,
	tendréis de salir lugar.
	¿Qué os parece?
Baltasar	Que os partís,
	que os casáis, que muerto quedo;
	¡que nunca yo de Toledo
	fuera huésped!
Mayor	Bien fingís.
	Seguidme.

Baltasar	¿Qué don Luis es éste que me atormenta?
Mayor	Juventud, nobleza y renta califican su valor; mas donde falta el amor, de lo demás no hagáis cuenta.
Baltasar	¿Sin amor, y os cautiváis?
Mayor	Quiérelo mi padre así. ¿Qué he de hacer? Ya consentí. Pero vos ¿cómo os llamáis?
Baltasar	¿Para qué lo preguntáis? Don Baltasar fui primero; ya que os amo y desespero, esfera de celos soy; llamadme «celos» desde hoy, que es el nombre que más quiero.
Mayor	¿Dónde posáis?
Baltasar	Posé ayer con don Felipe Chacón, y hoy posaba mi ambición en vos misma;¿qué he de hacer, si ya en ajeno poder lloro mi esperanza vana?
Mayor	Seguidme.

Baltasar	¿Qué, en fin, mañana os casáis?
Mayor	Don Baltasar, creed que me he [de] casar, por vos, muy de mala gana.

(Vanse. Salen don Diego y Carreño, de camino.)

Diego	¿Que en Madrid no me habéis visto?
Carreño	Ni en Madrid ni en otro cabo.
Diego	Ciego estáis.
Carreño	¿No es caso bravo? No os conozco, ¡vive Cristo!
Diego	Vuestro nombre ¿no es Carreño?
Carreño	Ese apellido me dio el padre que me engendró.
Diego	Pues yendo con vuestro dueño de día y noche a mi casa, tan domésticos en ella los dos, que forma querella de lo que en su ofensa pasa; habiendo don Baltasar sido casi su señor, pues que le tuvo su amor en puntos de desposar,

¿sois vos tan desconocido
como él?

Carreño   Bizarro mancebo,
confieso lo que la debo
a esa dama; mas no he sido
tan dichoso que alcanzase
a conoceros allí;
ved lo que queréis de mí,
y por ignorancia pase
la inadvertencia; que basta
la noticia que me dais
de esa casa donde estáis
tan ducho. Vengo de casta
olvidadiza; no puedo
desdecir de mi linaje.
Si en Madrid fuisteis su paje,
y pretendéis en Toledo
acomodaros, anoche
llegamos estropeados
de asentaderas: cuidados
y celos, en vez de coche,
en dos mulas nos trajeron
(por mejor decir, batanes),
que a entrambos, de cordobanes,
tafiletes nos volvieron.
No sé lo que aquí estaremos;
pero en mi pobre ración
tendréis el mejor quiñón,
y la cama partiremos
con los demás requisitos
de una lacaya amistad,

en que gocéis por mitad
chinches, pulgas y mosquitos.

Diego   La oferta, Carreño, estimo,
no obstante que me agraviáis
en que no me conozcáis.
Yo soy de doña Ana primo.

Carreño   ¿Primo suyo vos, señor?
Feliz quien tal prima tiene,
y desde la corte viene
a ser su procurador.
 En esto de primos sé
poco, y aunque no mirase
en vos cuando allí os hallase,
desde ahora os serviré,
 por la «primo»-genitura
que alegáis, como acreedor
del regalo y el favor
que debo a su hermosura.
 ¡Qué de veces liberal
añadió al real y cuartillo
otro, que aunque era sencillo,
era suyo y era un real!
 Aun no he roto las valonas
que me dio de tres en tres;
mi señora doña Ana es
digna de arrastrar coronas.
 ¡Mal haya el malo y los celos
que bodas descompadraron,
a mi dueño desterraron,
y en mí renovaron duelos!

Porque si ella mi ama fuera,
sarna solo me faltaba.
Mas ya que todo se acaba,
¿a dónde de esta manera
camina vuestra mercé?

Diego   Agravios que en honra tocan
hasta las piedras provocan.
Su esposa mi prima fue
 en la opinión de quien vía
la frecuencia con que entraba,
y su casa visitaba
de noche como de día.
 Papeles no averiguados
del tiempo en que se escribieron,
bastantes indicios fueron
para despertar cuidados;
 mas no para despreciar
tal mujer, tal opinión.

Carreño   Tiene extraña condición,
si empieza, don Baltasar.
No dará a torcer su brazo,
si le queman; es temoso,
y todo amante celoso
ve por tela de cedazo.
 No hay hacerle averiguar
lo que hay en esto, y que deje
este camino; es hereje
cuando da en cabecear.
 Pero si dio vuestra prima
en guardar papeles tanto,

que lo sienta no me espanto.
¿Quién guarda lo que no estima?

Diego   Antes de puro olvidados,
los juzgaba ya perdidos.

Carreño   Ya sabéis que despedidos
los papeles y criados,
 son enemigos de casa,
que unos a otros, por vengar
su enojo, suelen cantar
a cuantos ven lo que pasa.
 Mas si se quieren los dos,
y la verdad le decís,
ya que en su busca venís,
asegurándole vos,
 volverá el pájaro al nido.

Diego   No es eso lo que pretendo.
Doña Ana teme, y yo entiendo,
que se da por ofendido
 don Baltasar porque aquí
tiene dama que divierte
su primero amor de suerte
que la olvida; y siendo así,
 no le está bien a mi prima
dar satisfacción en duda
a quien ingrato se muda,
y sus prendas desestima.
 Si esto puedo averiguar,
ausencias y desengaños
suelen, restaurando daños,

aborrecer y olvidar;
 pero si recelos son
los que de Madrid le sacan
(que, aunque atormentan, se aplacan,
dándoles satisfacción),
 entonces descubriré
quién soy, y a lo que he venido.
Doña Ana esto me ha pedido;
es mi sangre, y no podré
 permitir que pierda el seso,
amante cuanto celosa.

Carreño   Sois cuerdo como ella hermosa;
mas lo que yo alcanzo en eso
 es que si don Baltasar
estuviera arrepentido
tanto de haber ofendido
a Dios, como de dejar
 a doña Ana, ya pudiera
envidiarle un capuchino.
Mil veces de este camino
entendí que se volviera,
 porque tirando del freno
a la tal cabalgadura,
y vuelta la fachadura
a Madrid, entre sereno
 y nublado (entre lloroso
y airado, quiero decir),
suspiros vi despedir
de un Durandarte amoroso;
 y suspirando yo y todo,
por la falta que me hacía

el cojín que no traía,
hubo suspiros de modo
 en toda aquella jornada,
que también nos imitaron
las mulas, pues rebuznaron
ausencias de la cebada;
 y afirman, sin ser perjuros,
los grafieles del mesón
que en mulas, rebuznos son
suspiros cabalgaduros.
 Decíale yo: «Señor,
pon tus celos en olvido;
vuelve a casa, pan perdido;
celos, espuelas de amor,
 aunque pican al amante,
andan, según un poeta,
como rocín de Gaeta,
más hacia atrás que adelante.
 ¿Qué hemos de hacer sin Madrid?
Fuerza es que tu error confieses.
¡Vuelta, vuelta, los franceses
con corazón a la lid!».
 y él picaba, respondiendo,
«no ha de verme la tirana
de sus ojos; ya doña Ana
se ha acabado; yo me entiendo;
 la ausencia mis celos sane»;
hasta que en una vereda,
con la grande polvareda,
perdimos a don Beltrane.
 Digo que a Madrid perdimos
de vista. Ved, según esto,

si su amor es manifiesto;
y pues que no despedimos
las mulas, cuán poco habrá
que negociar, si le veis,
para que allá nos tornéis.

Diego   Y él ahora ¿dónde está?

Carreño   Apeámonos los dos
en casa de un caballero
su amigo, que aquí frontero
vive; mas no sé, por Dios,
dónde fue anoche a jugar,
que aunque le hemos esperado
con lo cocido y asado,
ni se ha venido a acostar,
ni sé que sea cortesía
hacer que un huésped aguarde,
tan noble, desde ayer tarde
hasta ahora que es de día.

Diego   ¿Y no queréis vos con eso
que tenga sospechas yo
de que a mi prima dejó
porque aquí le quita el seso
algún toledano hechizo?

Carreño   Yo por lo menos no sé
que haya hasta aquí quien le dé,
por rondarla, romadizo.
El jugar alivia duelos,
y habráse mi amo picado;

que Galeno ha recetado
las pintas contra los celos.
 Mas veisle allí donde viene
con don Felipe Chacón.

Diego   En esta averiguación,
Carreño, asentar conviene
 si he de darme a conocer,
y a mi prima restaurarle,
o si tengo de dejarle.
Fácil os será saber
 si tiene dama, o el juego
esta noche le entretuvo,
y en sabiendo dónde estuvo,
volver a avisarme luego.

Carreño   Puntual procurador
hacéis; yo os imitaré;
 pero ¿dónde os hallaré?

Diego   Hacia la iglesia mayor.

(Vanse. Salen don Baltasar y don Felipe.)

Felipe   Sucesos me habéis contado
imposibles de creer.

Baltasar   Las siete debían de ser,
cuando en la sala encerrado
 que es de su hermano aposento,
oigo abrir una criada
que, risueña y despejada,

me dijo: «Estaréis contento,
caballero, de haber sido
inquieto desvelador
de quien, no sé si de amor,
esta mañana ha dormido
por vos tan poco, que está
dando esmalte a dos ojeras.
Contádome ha sus quimeras,
porque si a casarse va
hoy a Madrid, ¿qué otra cosa
sus vanos desvelos son?
Salid, y de esta ocasión
infeliz, aunque amorosa,
os olvidad, pues perdéis
a un tiempo lo que ganáis».
«Vida matando me dais»,
respondí: «¿Cómo queréis
que ingrato olvide favores
de quien mi dicha es deudora?
Socorrió vuestra señora
mi peligro en los temores
que ya sabréis; ¿podré yo,
si de ellos me he de acordar
mientras viviere, olvidar
a su hermoso dueño? No».
«Id, caballero, con Dios»,
replicó, «y salid conmigo.
Mas ¿qué me daréis si os digo
que está llorando por vos?».
Respondíla: «Esta cadena,
aunque incrédulo lo dude».
«La gente de casa acude»,

dijo, «andad enhorabuena
y, haciéndoos encontradizo
en Cabañas o en Olías,
aliviad melancolías
de quien os juzga su hechizo,
por ser la cosa primera
que os encarga mi señora.»
«Ventura es de quien la adora»,
dije. Bajé la escalera,
y por divertir la gente
de casa que en el zaguán
estaba, dijo: «Don Juan,
escríbame brevemente».
Volví en vuestra busca luego,
donde noticia os he dado
de la noche que he pasado,
de mis desdichas, del fuego
que nuevamente me abrasa,
del imposible que adoro,
de un Sol de quien me enamoro,
que hoy me ha muerto y hoy se casa.

Felipe   Notable aventura ha sido.
Doña Mayor de Toledo
será la dama, si puedo
sacar de lo que os he oído
la verdad por conjeturas.
Don Luis de Salazar
con ella se ha de casar,
porque hechas las escrituras
desde Madrid, supe yo
que en Toledo le esperaban.

Sus partes y hacienda alaban;
pero su ventura no,
 supuesto que ha de ser dueño
de quien no le quiere bien.
Pero séos decir también
que no es el favor pequeño
 que su prima doña Elena
me hace, y vive en su casa.

Baltasar   ¡Ay, don Felipe!¿Esto pasa?
             Irremediable es mi pena.

(Sale Carreño.)

Carreño   ¡Esperalde por ahí
             con la cena y con la cama!

Baltasar   ¡Carreño!

Carreño   Una casi dama
             preguntando está por ti.

Baltasar   ¿Qué dices?¡Ay, huésped mío!
             ¿Si me busca la criada
             de mi medio mal casada?

Felipe   Podrá ser.

Carreño   De desafío
              trae el manto a la visera,
             que solo enseña medio ojo.
             No eres negociante flojo.

¿Tan presto hay estafetera?
¿Ayer venido, hoy buscado?
No se lo arriendo a tu sueño.

Baltasar   Di que entre, y calla, Carreño.

Carreño   Entre, y callo: oye el recado.

(Sale Casilda.)

Casilda   La persona que sabéis,
que os buscase me mandó,
y éste para vos me dio.

(Dale un papel.)

De respuesta serviréis
 vos mismo, si agradecido,
no olvidáis obligaciones
primeras; y ahorrad renglones,
y cumplid lo prometido.

(Quiérese ir y detiénela don Baltasar.)

Baltasar   ¿así os vais? ¿Qué prisa es ésta?

Casilda   Dala el desposado.

Baltasar   Oíd.

Casilda   Desde Toledo a Madrid
podréis ser vos la respuesta.

(Vase.)

Carreño   Rey de armas es la mujer;
retos sus palabras son;
mas dama con cedulón
¡vive Dios! que es de alquiler.

Baltasar   ¿Hay dicha más infeliz,
hallazgo más perdidoso?

Felipe   El caso está bien dudoso;
mas sepamos lo que os dice.

(Lee.)

Baltasar   Esta mañana han hallado
muerto a un criado de casa;
ved si es cuerdo quien se casa
en día tan desdichado.
Una litera ha buscado
la necia solicitud
de quien me mata en salud;
porque, si como imagino,
muriere en este camino,
no quede por ataúd.
De esto ¿qué se os dará a vos?
Antes debéis alegraros,
pues para desempeñaros
yo pagaré por los dos;
siendo así, quedaos con Dios;
pero si me engaño y muero,

hallaos presente; que quiero
mandaros el alma en muestra
que, como de hacienda vuestra,
sois vos solo el heredero.
 ¿Qué os parece?¿Hay tal papel,
tal amar, tal persuadir?

Carreño   Él se debió de escribir,
en vez de tinta, con miel.

Felipe   Sentido y discreto está.
pero ¿qué pensáis hacer?

Baltasar   Hazañas de un bien querer;
transformaciones verá
 en mí Toledo, no escritas
de Ovidio.

Felipe   ¿De qué manera?

Baltasar   Impediréis la quimera
de mi amor, por inauditas,
 si os las cuento; todo junto
lo sabréis en estando hecho.

Carreño (Aparte.)(¡Pobre doña Ana! Sospecho
que están tocando a difunto
 por vuestro amor; a su primo
le voy a dar esta nueva.)

Baltasar   Vamos.

Felipe	¿Adónde?
Baltasar	A hacer prueba de lo que a mi dama estimo. Hacia el hospital de afuera, amigo, tengo que hacer.
Felipe	¿Allí? Pues ¿qué?
Baltasar	Conocer al dueño de la litera alquilada.
Felipe	Alto, venid.
Baltasar	Veréis, pues celos me abrasan, las maravillas que pasan desde Toledo a Madrid.

Fin de primera jornada

Jornada segunda

(Suena dentro ruido de coche. Don Alonso, doña Mayor, Medrano, dentro.)

Alonso   Para, para.

Mayor   Medrano,
                ¿estáis sordo? Parad el coche, hermano,
                que voy muerta.

Medrano   ¡La flema!
                Dalas, muchacho, pues el Sol no quema,
                que ya se ve Cabañas.

Mayor   Señores, ¿quieren que eche las entrañas?
                Parad, o arrojaréme
                del coche.

Alonso   Parad; ¡hola!

Medrano   Pararéme,
                con treinta diablos; ea,
                no malpara. ¡Qué presto se marea
                la dama! Yo la digo
                que tomara en Madrid este castigo;
                que hay hembra que una noche
                no se acostó, por solo andar en coche.

(Salen don Alonso, doña Mayor y Medrano.)

Mayor	¡Jesús!¡cuál vengo! El alma traigo en los dientes.
Medrano	Échela en la palma. ¡Gentiles damerías! Legua y media han andado. Ésta es Olías; éstas sus ventas llenas de palominos, vaca y berenjenas. A este andar, llegaremos en dos años. Marina, remojemos.

(Vase.)

Mayor	¡Que solo hemos andado legua y media no más?¿Hay tal enfado? No imaginé yo que era tan largo el mundo.
Alonso	Ponte en la litera, si te hace mal el coche, y lleguemos a Illescas esta noche.
Mayor	¡Litera, ni por pienso! ¿Turibulada yo sin ser incienso, y entre dos machos feos, sujeta a descorteses bamboleos? No, padre, no me agrada; descanse en ella tu dolor de ijada; que será cosa esquiva querer que vaya en tumba, estando viva.

Alonso	¡Oh, qué melindres tienes! Mayor, repara que a casarte vienes; olvida niñerías, y logra seso, como logras días.
Mayor	Pues si perdida vengo, ¿qué he de hacer? Desde luego te prevengo que no será posible pasar de aquí, si tu vejez terrible no quiere que me muera, yendo a Madrid en coche o en litera. Dejemos la jornada, o a Toledo volvamos si te agrada; pues es mejor dar vuelta, que entre polvo y calor morir envuelta, dentro de un calabozo portátil, para ver de mí mal gozo. Yo no quiero casarme, si primero pretendes enterrarme. Méteme en un convento y no en un coche, estrecho monumento, pues cuando en él me vea, aunque cause tristeza, no marea.

(Salen don Luis y doña Elena.)

Luis	Pues, esposa querida...
Elena	¿Qué aguardamos, Mayor?
Mayor	Estoy perdida.

Señor don Luis, advierta
que he de llegar, si voy en coche,
muerta.
No estoy acostumbrada
a un balanzo tras otro. La jornada
es larga; si procura
mi salud, o me den cabalgadura
con sillón, o en Olías
nos desposemos.

Luis Dichas fueran mías
el acortar los plazos
que ha de lograr mi amor en vuestros
brazos.
Poco hay de aquí a Cabañas.

Mayor Menos hay de la boca a las entrañas.
Señores, yo no puedo
conmigo más; o vuélvanme a Toledo
o llévenme de suerte
que, en vez de bodas, no lloren mi
muerte.

Elena Alquilen un jumento;
irá mi prima en él más a contento;
pues aquí es fácil cosa
hallar jamúas.

Mayor ¡Invención airosa
será, por vida mía,
que entremos en Madrid al mediodía,
en coche el desposado
y la novia en jumento angarillado,

dando a risas motivo
ir yo galanteándole el estribo!

Alonso   Pues ¿qué traza daremos
para que tus melindres contentemos?

Mayor   ¿No van cuatro criados
a mula, a su placer acomodados?
Escojan la más mansa,
pues la litera angustia, el coche cansa;
que, habiendo aquí herederos,
que en Toledo son casi caballeros,
si diligencia pones,
no faltarán jamúas o sillones.
Búsquenme una emprestada,
o si no, demos fin a la jornada.

Luis   Si solo estriba en eso,
démosla gusto.

(Salen don Baltasar, de mozo de camino, Medrano, y Casilda.)

Baltasar   Bonda pan y queso
para beber un trago.

Medrano   Berrico, ¿no coméis?

Baltasar   Nunca me pago
de manjar que se asienta
en las tripas; con pollos pago cuenta.
Mis amos, pues ¿qué [es] esto?

¿Ya se han cansado? Vamos de aquí presto,
que es de noche.

Alonso   No quiere
ir en coche Mayor.

Baltasar   ¿No? Pues espere;
la mula que yo llevo
anda como una dama.

Alonso   Es de mancebo,
que llaman de camino.
Buena será.

Baltasar   A mi cuenta no hay pollino
que ande más manso y llano.
[...]
Si gusta de ir en ella,
busquen unas jamúas que ponella.

Mayor   Mancebo acomodado
sois para vos.

Baltasar   De cinco que me han dado,
un coche y la litera,
escogí la mejor y más ligera;
que todo sobrestante
ha de mirar por sí, Cristo delante.

Luis   Alto, pues nos la ofrece,
busquemos, entretanto que anochece,

	vendidas o emprestadas
	jamúas o sillón en las posadas.

Alonso	Deudos tengo en Olías;
	Gonzalo de Aguilera o Juan de Frías
	podrán acomodarnos
	de todo, aunque sospecho han de estor-
	barnos
	esta noche el camino.
	Cumplámosla este antojo u desatino.

Luis	Vamos a hablarlos luego.

Alonso	¡Libréme Dios de tu desasosiego!

(Vanse don Alonso, don Luis y Medrano.)

Elena	Llegaremos de noche.

Mayor	No es mi estómago, prima, para coche.
	Mas vos, ¿de qué manera
	habéis de caminar?

Baltasar	¿Yo? A la ligera.
	Yendo a su lado, quiero
	servirla al pie de su palafrenero.
	Ya que nos detenemos,
	señora doña Elena, merendemos;
	vaca hay salpimentada,
	palominos fiambres y ensalada.

Elena	¡Vaya!¿No vienes, prima?

Mayor	No estoy para comer, antes me anima el fresco que aquí corre. Tráiganme en que me asiente.

(Don Baltasar entra en la venta y saca una silla de costillas.)

Casilda	¡Brava torre empina nuestro Olías!
Baltasar	De costillas es ésta.
Casilda	¡Y de hartos días!
Elena	¿No entra el señor Berrío a merendar?
Baltasar	Ya yo he bebido frío.
Elena	¿De nieve?
Baltasar	Lo del pozo suple esta falta.
Elena	¡Qué alentado mozo!

(Vanse doña Elena y Casilda.)

Mayor	Pues, señor don Baltasar, ¿qué es esto?
Baltasar	Lograr venturas,

que en desdichados son cortas
y largas penas anuncian;
añadir nuevos cuidados
a los primeros que buscan
por donde se libre una alma
que más se enreda y anuda;
alargar lo más que puedo
la vida, si no la cura,
de una voluntad doliente,
en vísperas de difunta;
cumplir órdenes severas,
pues vuestras crueldades gustan
que os salga al encuentro y oiga
la sentencia que pronuncian
vuestro rigor y mis celos;
porque si la ausencia excusa
tormentos por lo distante,
y agravios que no se escuchan,
presente yo a vuestras bodas,
sin medio que disminuya
tanto pesar, me atormenten
de una vez mis ansias juntas.

Mayor   ¿así se desautoriza
valor y sangre que ilustra
persona de tantas partes?
¿No pudiera hallar la industria
artificio más decente?

Baltasar   Sí, pero menos segura
traza, señora, de hablaros
el tiempo breve que dura

esta infeliz jornada;
pues cuando su fin se cumpla,
le tendrá, viéndoos ajena,
la vida que os llama suya.

Mayor   Encareced ponderable
lisonjas que os atribuyan
el descrédito que siempre
da el amor a quien las usa;
que yo no he de imaginarme
tan fénix en la hermosura
que en mí fingís, engañado
de una vela casi a oscuras,
que en tiempo tan breve crea
finezas que dificultan
muchos días de frecuencia,
largo amor y pruebas muchas.

Baltasar   Pues a no quedar yo corto
en exagerar en suma
el fuego que por los labios
exhala llamas ocultas,
¿paréceos a vos, señora,
que osaran poner en duda
indecencias de este traje
el valor que disimulan?
No extrañéis ver que me alabo;
que cuando mi amor procura
imposibles en el vuestro,
contra el hado y la fortuna,
siquiera para obligaros
a compasión de quien gusta

morir si os pierde, es razón
que os saque de tantas dudas.
Don Baltasar es mi nombre,
Córdoba la antigua alcuña
que me dio apellido y patria;
en seis mil ducados funda
su mayorazgo mi padre,
y para que mejor luzcan
en mí, que sucedo en ellos,
guardoso los acumula.
Manda que asista en la corte
para que pleitos concluya,
pues si dichoso los venzo,
conforme me lo aseguran,
el estado de marqués
con diez mil ducados junta
mi dicha, y tendréla entonces,
si su dueño os intitula.
Sacad de esto lo que os amo,
y mirad, si a ser de burlas
la fe amante que os adora,
osara poner en duda
mi crédito por buscar
peligrosas aventuras
para veros, cuando advierto
que desdichas apresuran
vuestro tálamo y mis penas,
pues siendo mañana, anuncian
triste vejez a mis padres
y a mis años sepultura.
¡Nunca yo en Toledo entrara,
o ya que en él entré, nunca

me sacara aquella noche
mi desgracia, para injuria
de una vida malograda,
y de un alma que, confusa
en vuestros mismos favores,
riesgos de muerte la turban!
¿Qué he de hacer, Mayor hermosa,
vos casada, y yo sin culpa
condenado, por quereros,
a envidiar al que os usurpa
dos almas, que mi esperanza
trazaba enlazar en una?
Será dueño de la vuestra
mañana, y estando junta
la mía, Mayor, con ella,
fuerza es que a servirle acuda.
Ved el señor que me dais,
ved los celos con que lucha
un amor desesperado,
ved a lo que se aventura
quien a su pesar se casa,
y escarmienten desventuras
ajenas recelos propios,
que la voluntad enlutan.
Llamado os salgo al encuentro,
y en este papel me jura
Amor que me le tenéis;

(Saca un papel.)

si ya me olvida y se muda,
en fe de la acción que tengo,

presento las escrituras.
Dilatad resoluciones
mientras competencias duran;
no os desposéis en llegando;
mujer sois, fingid excusas;
discreta sois, buscad traza;
amante sois, haya industria,
con que, difiriendo plazos
que mi esperanza repugnan,
aproveche al que os adora
ser por vos mozo de mulas.

Mayor   Como yo de vos creyera
lo que la esperanza duda,
y no recelara engaños
de cortesanas astucias,
sospecho, don Baltasar,
que pusiera en aventura
por vos todos los respetos
que en la sangre me ejecutan.
El poco conocimiento
que tengo de vos rehúsa
lo que el corazón otorga.
Licenciosas travesuras
os entraron en mi casa,
muerto un hombre en la apretura
de sus calles:¡ved qué abono
en vuesro favor resultan!
Obligado, me obligasteis,
vos cortés, yo dando ayuda
a vuestra seguridad
quedé sola, entró en disputa

la voluntad y el recato,
y mientras entrambos luchan,
aquélla favoreciéndoos,
y éste fulminándoos culpas,
sin dormir, a despertarme
entró el Sol, a coyuntura
que amor, abogado vuestro,
iba haciendo la resunta
de las prendas que os abonan.
Levantéme, por ninguna
de las partes declarada,
puesto que inclinada a la una;
llegó mi padre a este tiempo,
y con él el que procura,
sacándoos a vos del pecho,
que a su imperio me reduzca.
Dieron prisa a esta jornada,
cuanto más corta, importuna;
pues si la de Ulises fuera,
lo que la brevedad turba,
se aclarara con el tiempo:
yo sin amar al que injuria
la vuestra, instantes los plazos,
y amor que imposibles busca,
todos estos fueron causa
que os suplicase la pluma
lo que no osara la lengua,
en principios de amor, muda.
Que me viésedes deseaba
(antes que llorase viuda
el alma, casado el cuerpo)
en el camino; mas nunca

pudiera yo imaginar
del valor y la cordura
que consideraba en vos,
la indecente travesura
de transformación tan baja;
ni he leído que haya alguna
de las que Ovidio entreteje,
que así admire y así encubra.
Prométoos que cuando os vi
concertar cabalgaduras
con mi padre esta mañana,
diestro en la desenvoltura,
interesable en el precio,
malicioso en las preguntas
y grosero en el lenguaje,
que hizo el alma conjeturas
sobre si érades de veras
lo que parecéis de burla;
mas satisfíceme luego;
que el alma no se deslumbra,
cuando quiere bien, por sombras
que verdades disimulan.
Aumentastes mis cuidados,
y agradecida, confusa,
me sacaron de Toledo
ejecuciones caducas,
mi viejo en esa litera
y en la aborrecible tumba
del coche mi prima y yo,
don Luis y Casilda, a mula
vos y los demás criados,
fingiendo luego mi astucia,

por feriar esta ocasión,
desmayos, ansias y angustias
que han parado en lo presente.
Juzgad, si cuentas se ajustan,
cuál de los dos debe a cuál,
y quién alcanza en la suma.

Baltasar En todo sois mi acreedora;
mas ¿qué importa, si desfruta
diligencias de mi suerte
quien esperanzas me anubla?
En Madrid entráis mañana,
y a la noche (¡ay Dios, qué oscura
será para mí!) os desposan,
si en diez leguas no resultan
de mi fe y vuestros favores
trazas que cuerdas destruyan
vejeces de vuestro padre,
contrastes de mi fortuna.

Mayor En menos término un rayo
pedernales desmenuza,
sorbe una tormenta armadas,
y Roma en Numancia triunfa.
Donde hay amor, no hay estorbos,
ni desescha coyunturas
la necesidad maestra,
si los aprietos la apuran.
Ya yo no camino en coche;
al estribo de la mula
(que, siendo vuestra, sabrá
terciar en nuestras consultas)

	esta noche dispondremos la que fuere más segura a vuestro amor y a mi fama.
Baltasar	Pondré en ella el non plus ultra de los prodigios, si salgo con éste.
Mayor	Tengo preguntas considerables que haceros, y es bien que en ellas discurra; mas quédense por ahora, que viene mi padre.
Baltasar	Ayuda, amor; que no es noble hazaña la que no se dificulta.

(Salen don Alonso y don Luis.)

Alonso	¿Tendrémoste ya contenta? Hallado habemos jamugas; ¡plegue a Dios que no te cansen o no caigas!
Baltasar	Es la rucia una oveja; no hayan miedo; no anda más llano una burra. Yo iré a su lado, y verá cuál se la tengo.
Mayor	¿Quién duda?

Luis	Ea, mi bien, caminemos; la noche, aunque no hace Luna, es clara; poned el coche, hermano mozo de mulas.
Baltasar	Hablemos bien, si es que sabe.
Luis	¿No es vuestro nombre éste?
Baltasar	Lucas Berrío soy en mi casa, gracias a taita y al cura; tíos tengo familiares, y un hermano que aun estudia en Alcalá, y un pariente que es racionero de Murcia.
Luis	Todo eso es calificado y a propósito:¿qué injuria os hago dándoos el nombre de vuestro oficio?
Baltasar	Ninguna, si el de mi oficio me diera.
Luis	¿No curáis cabalgaduras?
Baltasar	No, mas soy su sobrestante.
Luis	¿Por vuestra vida?

Baltasar	Y la suya.
Luis	¿Que también hay diferencia en esos cargos?
Baltasar	Y mucha. Los que en calzones de lienzo, monterilla con la punta al cogote y alpargates, a pata en invierno sudan, son mancebos de camino; mas los que en cabalgadura acompañan, con espuela, sombrero, calza de abuja, su borceguí encima de ella, manga o jubón de camuza, capotillo de rajeta, valona y liga que cruza, espada y daga de ganchos, éstos tales se entetulan sobrestantes del ganado. No tengamos barahunda; hablar como se ha de hablar, y Cristo con todos.¡Unzan!
Luis	Vaya, no riñáis por eso.

(Sale Medrano, con látigo de cordel en mano.)

Medrano	Alto de aquí.
Baltasar	¿Está la rucia

	ensillada?
Medrano	Y con sus andas, e veinticinco.
Baltasar	Pues suba.
Luis	Yo, esposa, os pondré a caballo.
Baltasar	Paso, hidalgo, que no se usa quitarle el oficio a nadie; cada cual al suyo acuda.
Luis	Apártate allá, grosero.
Baltasar	Polido, no estará ducha su persona a estos trabajos.
Luis	¡Ah bárbaro!
Baltasar	¿Echamos pullas? Mire que ha de derribarla; que es cosquillosa la mula para quien no la conoce.
Mayor	¿Cosquillosa?
Baltasar	Es mala cuca.
Mayor	Pues yo no quiero ir en ella.
Alonso	¿Díjelo yo?

Baltasar	A quien la cura y da de comer se amansa.
Mayor	Pues póngame en ella Lucas, y vaya siempre a mi lado.
Baltasar	Pegaréme como pulga; mas pagándolo.
Mayor	Se entiende.
Baltasar	Alto, pues; venga.¿Es de pluma?

(Lleva a doña Mayor en brazos, y vanse todos. Salen Carreño y don Felipe, de camino.)

Felipe	Aquí tienen de hacer noche, si van a comer a Illescas.
Carreño	No son las posadas frescas; pero todo carro o coche en Cabañas da cebada.
Felipe	¡Qué mal lugar escogieron!
Carreño	Venteros leí que fueron (como quien no dice nada) sus fundadores; sacad de estos principios qué tales serán los más principales de esta insigne vecindad.

Felipe	Los más de ellos son mesones.
Carreño	Aunque es población pequeña, la autoriza la cigüeña de su pozo.
Felipe	Dio invenciones a las tramoyas extrañas que celebra el vulgachón.
Carreño	Sí; no fue mala invención la del pozo de Cabañas.
Felipe	No hiciera mala comedia quien la traza aprovechara de vuestro amo.
Carreño	Será rara, como no acabe en tragedia; que lo temo, ¡vive Dios!
Felipe	¡Qué notable desatino!
Carreño	Es capricho peregrino, y, aprobándosele vos, ¿qué mucho le ejecutase?
Felipe	Pues yo ¿tengo culpa de eso? Vile tan fuera de seso que, porque no se empeñase en disparates mayores,

concedí en todo con él.

Carreño   Sois lindos cascos vos y él
para embadurnar amores.
¡Válgate el diablo por hombre!
Acabado de apear,
¡al instante hubo de hallar
reconcomios!

Felipe   No te asombre;
que fue la ocasión terrible.
De noche un hombre encerrado,
por la hermosura asaltado
poderosa y apacible
de la más bella mujer
que a Toledo da valor;
obligado a su favor,
y, tras riesgos del temer,
ocasiones de amar,
influencias de los cielos;
y, comenzando por celos,
viendo que se va a casar
con persona que aborrece,
las dichas que le apercibe,
cuán amorosa le escribe,
lo que este lance le ofrece,
cuarenta y dos mil escudos
que autorizan su hermosura...
¿qué prudencia, qué cordura,
qué laberintos, qué nudos
de Alejandro bastarán,
Carreño, a enfrenar el seso

de un mozo amante y travieso?

Carreño   Bien, mas si a casarse van
a Madrid, ¿de qué provecho
será la transformación
de mozo de mulas?

Felipe   Son,
cuando se ven en estrecho
el amor y la fortuna,
más activos y eficaces;
si en ellos discursos haces,
no saldrás con medra alguna.
Todo hombre considerado
luce sus intentos tarde;
peca el sabio de cobarde,
y de atrevido el soldado.
Si Alejandro reparara
en imposibles, no fuera
señor del mundo, ni hiciera
a tantos peligros cara.
Colón, a no atropellar
estorbos de día en día,
no añadiera monarquía
a España de tanto mar.
Ni sabe amar el prudente,
ni vence el considerado,
ni admite razón de estado
el celoso ni el valiente.

Carreño   ¡Qué guisado que lo halló
todo: mulas de alquiler,

coche y litera! De ayer
venido, hoy se convirtió
en mancebo de camino.

Felipe   Dióle amor la traza y modo;
el dinero sale a todo
con remedos de divino.
Sobornamos a su dueño,
y salí yo su fiador.
¿Por qué piensas que el amor
supo en Júpiter, Carreño,
llover dorado granizo
que a Dánae dejó preñada?
Porque no hay puerta cerrada
para este absoluto hechizo.
Dióle este metal sus bulas
para todo; no te espantes,
si el oro vence gigantes,
que venza el que alquila mulas.

Carreño   Y vuesa merced ¿qué intenta
aguardándolos aquí?

Felipe   Quiero prevenir así
peligros que el hado inventa.
Haciéndome encontradizo
con ellos, ayudaré
su engaño, y estorbaré
de un amor arrojadizo
desesperadas locuras,
que le pueden estar mal.

Carreño	Usted es amigo leal
	para tales aventuras;
	quiera Dios que la presente
	nos absuelva a culpa y pena.
Felipe	De su prima doña Elena
	soy ya ha días pretendiente,
	y no ha de ayudarnos poco
	si le cuento estas marañas.
	Prevengamos en Cabañas
	camas y cena.

(Vase.)

Carreño	Si un loco
	guía a otro, ¡buen suceso
	se aliña! Vaya con Dios,
	que no hayan miedo los dos
	que echen alforzas al seso.

(Sale don Diego.)

Diego	En fin, Carreño, ¿vuestro amo
	con tan indecente traza
	se enamora y se disfraza?
Carreño	Es tal, que al primer reclamo
	da en la liga; apenas vio
	la hechicera toledana,
	cuando, olvidando a doña Ana,
	a la luz se derritió
	de una vela, que alcahueta

de estos disparates fue.
Quien compra lo que no ve
al Sol, cuando se prometa
montes de oro, si después
se le vuelven en carbón,
quéjese de su elección.

Diego   Y de su necio interés,
           si el burlarse de mi prima
           a la cara la saliere.

Carreño   Pretenda lo que él quisiere,
           que, aunque más su amor le anima,
           es imposible alcanzar
           el fin de su pensamiento.
           Desposaránse, al momento
           que se acaben de apcar
           en Madrid, el desposando
           y la novia, según queda
           concertado, sin que pueda
           lograr trazas que está dando
           nuestro amante literero,
           y soplaráse las manos
           cuando llore ardides vanos.

Diego   Si yo no le doy primero
           el castigo que merece
           hombre de tan poca fe.

Carreño   Más vale que él se le dé
           a sí mismo, si os parece,
           y que doña Ana del modo

le olvide que él la ha olvidado;
perderálo escarmentado
todo quien lo quiso todo.

Diego   ¡Vive Dios!, que he de decir
quién es a los que acompaña.

Carreño   Intentaréis una hazaña
que se os ha de deslucir,
porque o le han de dar la muerte
o él os la ha de dar a vos,
y cualquiera de los dos
que la pierda, es caso fuerte.
Y cuando esto no suceda,
¿de qué servirá afrentar
a un noble que, por amar,
desacreditado queda
en tan desvalido traje?
Yo, a lo menos, lo que hiciera,
a ser vos, le persuadiera
a solas con buen lenguaje,
dándole un gentil jabón,
y advirtiéndole lo mal
que en hombre tan principal
parece transformación
tan indigna de creer,
y el peligro a que se expone
quien a burlar se dispone
tan generosa mujer
como vuestra prima hermosa;
pues si se muda ligero,
es mi señor caballero,

y la sangre que es lustrosa,
levántase aunque tropieza.
Temerá el verse por vos
descubierto, y querrá Dios
que acuerdos de la belleza
que deja, y los imposibles
que pretende, abran sus ojos,
y paren estos enojos
en tálamos apacibles.
Considerad lo que hacéis,
y advertid cuán poco gana
de mi señora doña Ana
fama y opinión.

Diego   Tenéis
más seso que vuestro dueño.
Admito ese parecer;
pero guárdese de hacer
desprecio de mí, Carreño;
no eche culpa a su castigo,
si en Cabañas le avergüenzan.

Carreño   A venir carros comienzan.
Adiós, y haced lo que os digo.

(Vanse. Don Baltasar, don Alonso, don Luis y doña Mayor,
dentro.)

Baltasar   ¡Jo, mula de Barrabás!
¿Qué demonios te han tomado?

Alonso   Tenelda.

Luis	¿Hala derribado?
Baltasar	Dalle, dalle; ¿correr más? Señora, téngase bien.
Mayor	¡Ay, Lucas, que me derriba!
Baltasar	Tírela del freno arriba. ¡Ah, malas landres te den!

(Piérdese la voz de don Baltasar.)

Alonso	Para el coche.
Luis	Para el coche.
Medrano	Caminen, que no caerá.
Luis	Parad:¡hola! acabad ya.
Medrano	¡Voto a san Nuño!

(Salen todos menos Mayor y Baltasar.)

Alonso	¿De noche, y no hay quien vaya tras ella!
Luis	¿Qué camino hay sin desastre?
Alonso	Quiera Dios que no la arrastre.

Elena	Vaya alguno a socorrerla.
Casilda	Adelantáronse tanto los de caballo a tomar posadas, que en el lugar deben ya de estar.
Medrano	¿Qué espanto los asombra?¿En angarillas no va? ¿Qué diablos nos cansa?
Luis	¿Ésta era la mula mansa?
Medrano	Mansa es, pero tien cosquillas; debiósele de asentar la silla en la matadura.
Casilda	Ya no parecen.
Elena	¡Qué oscura noche!
Luis	Quiero irla a buscar.
Medrano	¿No va a su lado Berrío? Ya pueden haber llegado al pueblo, y aun remojado.
Casilda	¿Si cayó?
Medrano	¡Buen desvarío! Ya nos atronara a voces

la señora.

Alonso   ¿Hay tal correr?

Medrano   Ella se sabrá tener.
Suban; que no tira coces;
que es la rucia una cordera.
Vamos; no tengan temor;
que ella se tendrá.

Luis   Señor,
subid en vuestra litera,
y los demás en el coche;
partiré entretanto yo
y sabré donde paró.

Alonso   Cosas he visto esta noche
en tres leguas, que sobraran
para ciento.

Medrano   Donde van
mujeres, siempre hallarán
enfados que en risas paran.
Dos tiros de piedra habrá
de aquí a Cabañas; subir.

Alonso   En efecto, ¿queréis ir
en su busca?

Luis   ¿Quién podrá
vivir, si cual yo la adora,
entre tanto que no sabe

lo que ha sucedido?

Medrano	Acabe.
	¡Estémonos aquí un hora!
	No es tan zurda la muchacha;
	él verá cuál se agarró.

| Elena | ¡Miren qué mula la dio |
| | el Lucas! |

Medrano	No la hay sin tacha;
	mas la rucia es un borrico.
	Acabemos, pues; subamos.

| Alonso | En la posada esperamos. |

| Luis | Yo voy, pues. |

| Medrano | Dalas, Perico. |

(Vanse. Salen doña Mayor, en zapatillas, y don Baltasar, tra-yéndole los chapines.)

| Baltasar | ¡Linda traza! |

Mayor	Como vuestra,
	aunque con algún peligro.
	Mil veces pensé caer.

| Baltasar | Media legua hemos corrido. |

| Mayor | ¿Qué pueblo es aquél? |

Baltasar	Magán.
	Mientras duermen sus vecinos,
	y los que mi amor estorban
	buscándoos andan perdidos,
	consultemos este rato,
	hermosa Mayor, arbitrios
	que sustenten mi esperanza,
	sin estorbos ni registros.
Mayor	¿Y la mula?
Baltasar	Está paciendo.
Mayor	¿No hay donde atalla?
Baltasar	No quiso
	criar árboles la Sagra,
	por darse toda a los trigos.
	Raso está todo este campo,
	y a propósito este sitio
	(por lo que de prado tiene
	con yerba, aunque mal florido)
	para disponer los dos
	o mi tormento o mi alivio.
	Sentémonos, si os parece.
Mayor	Advirtiéndoos al principio
	lo que de vuestra nobleza
	supongo, y que de vos fío
	respetos que, ocasionados,
	no profanan bien nacidos.

Baltasar	Cortés amaros pretendo
	con deseo casto y limpio,
	segura mi voluntad
	y mis gustos comedidos.
	Sin manos viene mi amor;
	solo en la lengua y oídos
	jurisdicción limitada
	que os respete les permito.

(Siéntanse.)

Mayor	Sois cordobés caballero;
	de tal patria, en fin, tal hijo;
	para cautivarme más,
	no busquéis otros hechizos;
	mas ¿con cuáles obligasteis
	la mula a que, del camino
	derrotada, así corriese,
	ocasionando mis gritos?
	Que a no asirme a las jamugas
	y el ir vos siempre conmigo,
	no hay duda que me arrastrara.

Baltasar	Tiene amor, en fe de niño,
	invenciones y poder
	para ejecutarlas, y hizo,
	en mi favor estudioso,
	mi Mayor, las que habéis visto.
	Enfadábame el llevar
	al lado tanto registro,
	interrumpiendo cansados

ya el hablaros, ya el oíros;
y, como no me va menos
que vivir el persuadiros
que de término tan breve
amante atajéis peligros,
valíme de las tinieblas
y del ramo de un espino,
plumaje de unos cambrones,
que al bruto sin culpa aplico
debajo la gurupera,
el cual al instante mismo
que, sin ser enamorado,
le escoció lo pungitivo
de los celos, y en tal parte,
a puras coces y brincos
procuró librarse de ellos,
de puro correr, corrido;
porque celos y cambrones
son deudos muy parecidos.
Él picado y yo celoso,
echamos por esos trigos;
mas sin perderos los brazos,
que medraron mis alivios
por tocaros y teneros,
hasta llegar a este sitio
donde gozoso os apeo,
a la mula abrojos quito,
ella pace y yo descanso
mientras adorando os miro.

Mayor   ¿Qué no sabrá hacer amor?

Baltasar	No hubiera bien entendidos, si no hubiera enamorados.
Mayor	Dejemos, señor Berrío, burlas, y hablemos de veras. Ya os acordáis que os he dicho que tengo dificultades muchas, que si aquí averiguo y salen en vuestro abono, a pagároslas me obligo. ¿Tenéis en la corte empleo?
Baltasar	Túvele; pero os afirmo que ensayé en ella el amor que a vos perfecto os dedico.
Mayor	¿Por vida de lo que más queréis? si así os necesito a no mentirme.
Baltasar	Estad cierta, como que adorándoos vivo, que más allá que la muerte aborrezco aquese vicio.
Mayor	Pues siendo así, ¿por qué causa os ausentastes?
Baltasar	Motivos hallé en ella suficientes para apelar al olvido después de un año de amante,

que ya me parece un siglo.

Mayor   ¿Era su nombre?

Baltasar   Doña Ana.

Mayor   ¿Su calidad?

Baltasar   Sé deciros
que en la sangre y en la hacienda
se igualó con mis servicios.

Mayor   ¿Celos os descompusieron?

Baltasar   Celos se engendran de indicios,
agravios de desengaños,
que por mis ojos he visto.

Mayor   ¿Desengaños? Pues ¿quiere a otro?

Baltasar   Quiere ahora, querrá y quiso;
que dizque engendran carácter
los amores primerizos.

Mayor   Pues ¿con qué seguridad,
si dentro el alma os admito,
crédula a vuestras palabras,
viviré, según lo dicho,
si vos primero la amasteis,
y celos, del amor hijos,
pródigos desbaratados,
llorando sus desperdicios

	caen brevemente en la cuenta,
	y se vuelven al cariño
	del primer amor, su padre?

Baltasar   Ya, hermosa señora, os digo
            que pasaron de ser celos
            a ser agravios los míos.
            Mirad que soy caballero.

Mayor   ¡Qué de ellos habemos visto
            calificar sus engaños
            a sombra de este artificio!
            Ahora bien, don Baltasar,
            entretanto que averiguo
            despacio en Madrid sospechas
            que temo, pero no admito,
            yo os prometo no casarme,
            por más que inten[t]en prolijos
            apresurar mis tormentos
            mi padre y vuestro enemigo;
            mas con dejarme a mí cierta
            de que sabéis resistiros,
            no viendo a mi opositora.

Baltasar   ¿Verla yo? Tiemblo de oírlo.

Mayor   Estáis celoso, y los celos,
            por lo que de otros colijo,
            en convertirse a otra ley,
            tienen algo de moriscos.

Baltasar   Pues elegid vos el modo

	de aseguraros.
Mayor	Elijo
	uno, puesto que bastante
	costoso, como inaudito.
Baltasar	Que no reparéis en eso;
	ya le espero.
Mayor	Ya le explico.
	Yo con vos he de enojarme
	al fin de nuestro camino,
	y tengo de hacer que os prendan
	en Madrid.
Baltasar	¿Por qué delito?
Mayor	Por la muerte del criado
	que a nuestro amor dio motivo.
	Él era un lacayo pobre,
	y, dejando mujer y hijos,
	concertándoos con la parte,
	su vejación redimimos;
	entretanto podré yo
	saber lo que solicito,
	y, quitándoos ocasiones,
	asegurar celos míos.
	No ha de haber réplica en esto.
Baltasar	Severa sois en arbitrios;
	mas yo los acepto; vaya,
	si siendo obediente os sirvo.

(Sale don Luis sin ver a Baltasar y doña Mayor.)

Luis (Aparte.)   (¿Hay tal desaparecerse?
                   Mas de una legua he corrido
                   por rodeos y altibajos,
                   y no puedo descubrirlos.)

Mayor   así aseguro sospechas.

Baltasar   Lo que yo en eso os suplico,
                   es que apresuréis amante
                   la información que os permito,
                   porque acortemos estorbos.

Luis (Aparte.)   (Hablar hacia allí he sentido.
                   ¡Válgame Dios!¿Si son ellos?
                   Pasos y atención aplico.)

Mayor   Si yo verdadero os saco,
                   y sois, como lo imagino,
                   quien vos decís y yo espero,
                   presto saldréis de ese oficio
                   al que mi amor interesa.

Luis (Aparte.)   (O se engañan mis oídos,
                   o es doña Mayor la que habla.
                   Pero ¿a quién, recelos míos,
                   promete amantes retornos
                   que él diligencia y yo envidio?
                   ¿Tan melindrosa poco ha,
                   pidiendo socorro a gritos,

corriendo descaminada,
pronosticando peligros
su padre, llorando todos,
yo buscándola perdido,
y ella con tanto sosiego
sentada, y en tan distinto
lugar conversando alegre?
¡Qué de cosas que malicio!)

Baltasar   Sentirálo vuestro padre
                  de muerte.

Mayor   Yo tengo hechizos
                  con que acariciar vejeces
                  de quien en la edad es niño.

Baltasar   En fin, ¿hemos de casarnos?

Mayor   Al punto que saque en limpio
                  la verdad de tantas cosas.

Baltasar   ¿Y don Luis?

Mayor   Es desvarío
                  pensar que ha de cautivarme
                  amante a quien no me inclino,
                  cuando le hace ventajas
                  tantas el señor Berrío.

(Sale don Luis.)

Luis   ¡Oh aleve!¡Viven los cielos,

que tengo de dar castigo
a tu bárbara elección
y al infame desatino
de tu desigual amante.

(Levántanse los dos, saca la espada don Baltasar, opónese a
don Luis.)

Mayor   ¿Qué es esto?

Baltasar   Hidalgo, pasito.
Sosiéguese:¿qué le toma?

Mayor   ¿Estáis en vuestro jüicio,
don Luis? Templaos; ¿qué es esto?

Luis   ¡Pluguiera a Dios que, perdido
mi seso, o nunca os amara,
o nunca llegara a oíros
bajezas y indignidades,
que si bien las apercibo,
juzgo imposible el creerlas!
En fin, Mayor, habéis sido
mujer; en fin, escogéis
a un rústico, cuyo oficio
sirviendo brutos, se llama
mozo de mulas.

Baltasar   Ya he dicho
que hable bien y no tengamos
carambolas; que si esgrimo
la de Joanes, al primero

hurgón, perdónele Cristo.

Luis

¡Oh infame!

Baltasar

 Apártese allá,
señor galán; se lo aviso.

Luis

¿Vos su esposo?¿Yo olvidado?
¿Ella aleve, y yo ofendido?
¿Doña Mayor mujer vuestra?
Primero...

Baltasar

Todos venimos
de Adán, y yo puedo ser
de toda mujer marido
con la cara descubierta.

Mayor

¡Don Luis!¡Lucas Berrío!
¿Qué disparates son éstos?
Sosegaos, o daré gritos.

(A don Luis.)

¿Hay locura semejante?
¿Luego vos habéis creído
lo que aquí nos escuchastes?
¡Jesús!¡qué gran desatino!
Envainad, que sois un bobo;
poco mi seso acredito
con vos. ¡Lucas, a enfrenar!

Baltasar

Voy; pero lo dicho dicho.

(Vase.)

Mayor	En fin, ¿me habéis injuriado? ¡Qué de ello perdéis conmigo desde hoy!¿Que a tal disparate lleguéis vos a persuadiros?
Luis	Pues si lo oigo, ¿qué queréis? ¿Desmentiré mis sentidos? ¿No sois mujer?¿Qué milagro que imitéis vuestro principio?
Mayor	Ya os dije que sois un bobo; túveos yo por entendido. ¿Alquiladora de mulas doña Mayor?¡Oh, qué lindo! Medrábamos en corcoba. ¡Jesús, Jesús, me santiguo una y mil veces!¿Que sean los celos tan persuasivos o tan necios, que se arrojen a creer de mi juicio tan gran desalumbramiento?
Luis	A tener los celos tino, no anduvieran siempre a ciegas; pero si lo son los míos, ¿a qué propósito ahora, cuando yo os busco molido, temeroso vuestro padre, sentados y entretenidos

favorecéis amorosa
a un bárbaro con indignos
desaciertos y esperanza,
cuando menos, de marido?

Mayor   Andad; que no estáis en vos.
Es el tonto más sencillo
el Lucas que vio Toledo.
Hasta aquí la mula vino
sin parar, desatinada,
y él, a las ancas asido,
ya que no pudo tenerla,
me tuvo a mí; que os afirmo
que si de mí se apartara,
mil veces hubiera sido
malogro a vuestros deseos
y lástima a nuestro siglo.
Cansóse, en fin, y canséme,
de suerte que me convino
sosegar aquí este rato,
y él a mi lado, perdido
de correr, sentado y necio,
que estaba sin seso dijo
por mí, y dispuesto a casarse,
consintiese o no, conmigo.
Propúsome su linaje

(Aparte.)   (que es, por lo menos, corito)
su patrimonio, sus deudos,
sus gracias, sus ejercicios;
y yo, por entretenerme,
di ensanchas a su capricho,
ofreciéndole informarme

y, abonándole testigos,
mejorar con él mis bodas.

Luis   ¿Qué decís?

Mayor   Que no sois digno
de que os tenga por discreto
quien vuestro desaire ha visto.

Luis   ¡Que de ésos es nuestro mozo?
Un viaje entretenido
me prometo, según eso.
No hay celos sin desvaríos;
perdonadme, esposa bella,
y entretengamos fastidios
con él de aquesta jornada,
dando a sus simplezas ripio.

(Sale don Baltasar.)

Baltasar   ¡Miren qué mucho que echase
la mula por esos trigos!
Seis dedos sobre los lomos
de matadura le hizo:
¡maldiga Dios al sillón!
Suba.

(A doña Mayor.)

Luis (Aparte.)   (Ya me maravillo,
mi bien, que no os arrastrase.)
Lucas, no haya más; amigo

hasta la muerte.

Baltasar   Es temprano.

Luis   Yo ya con vos no compito;
doña Mayor me desprecia
y os tiene amor.

Mayor   Infinito.

Luis   No quiero mujer con celos;
de novio vuelto en padrino,
he de alegrar vuestras bodas.

Baltasar   ¿Se convida?

Luis   Me convido.

Baltasar   Encaje, pues, esos huesos.

(Danse las manos.)

Luis   ¿Queréis, pues estoy rendido,
que suba un rato a las ancas?

Baltasar   ¿Con mi mujer? Palo, digo.

Luis   Acabad.

Baltasar   ¿Y la señora
en el sillón?

Luis	Sin peligro irá, si yo cuido de ella.
Baltasar	¡Y que vaya a pie el marido! ¡Oxte, puto! En mi curato no ha de haber (de esto le aviso) beneficiado o teniente con quien parta los bodigos. Llevaréla de la rienda; irá vusted su poquito, un rato a pie y otro andando; que Cabañas está a tiro de arcabuz: alto, señores.
Luis	Extraño sois.
Baltasar	No sufrimos la mula y yo, ni ancas ella, ni Lucas sota-maridos.

(Toma en brazos a doña Mayor y vanse.)

Fin de la segunda jornada

Jornada tercera

(Salen don Alonso y don Felipe.)

Alonso	Basta, que dais en hacernos merced toda esta jornada; en Cabañas la posada, pollos y gazapos tiernos en Illescas... A este andar porfiando en regalarnos, claro está que ha de pesarnos ver que se haya de acabar tan presto nuestro camino.
Felipe	Ya que en él os encontré, por dichoso me tendré que, en fe de vuestro vecino, me toque el título honroso de vuestro aposentador.
Alonso	Yo soy vuestro servidor, y me juzgo venturoso yendo en vuestra compañía.
Felipe	El curso que de ordinario tengo hecho, siendo cosario de este camino, podría, aunque la jornada es breve, enseñarme a descubrir regalos con que os servir; por lo menos traigo nieve

y ternera, que no es poco
para tan seco lugar.
Mientras guisan de almorzar,
si con el sueño os provoco,
soy de parecer que un rato
reposéis.

Alonso   Como he venido
en litera, helo dormido
lindamente; y me recato
de camas que a tantos son
comunes.

Felipe   Camas y lodos
déjanse pisar de todos,
como mozas de mesón;
mas yo siempre me prevengo
de sábanas y almohadas
caseras, por las posadas.

Alonso   El mismo cuidado tengo;
y de ordinario las llevo
en un baúl como ahora.

Felipe   No saldremos en esta hora;
por eso en el mesón nuevo
previne dos salas frescas,
que es más capaz y mejor.

Alonso   Mientras va doña Mayor
a ver la Virgen de Illescas
y oye en su altar una misa,

el almuerzo prevendremos,
porque esta noche lleguemos
a Madrid.

Felipe   Si se da prisa
el cochero; que hay que andar
seis leguas, y la de Parla
es larga.

Alonso   Tiempo hay de andarla,
pues el Sol nos da lugar,
que ahora empieza a nacer.
¿A qué vais vos a la corte?

Felipe   No a pretensión que me importe.
Soy mozo, y no sé perder
fiestas que ilustran hazañas
con que España alegre está;
convida a toros Bredá,
y el Brasil pone las cañas;
quisiera dar a un rejón
crédito delante el rey.

Alonso   Son guarda de nuestra ley
su castillo y su león;
y así no me maravillo,
contra quien su fe no entienda,
que tal león la defienda
y la ampare tal castillo.

Felipe   ¡Qué de enemigos tenía
el infierno convocados!

Alonso   Dicen que en tiempos pasados
seguro el león dormía,
viéndose en la posesión
pacífica de su imperio;
juzgaron a vituperio
los lobos que así el león
en los dos mundos tuviese
imperio tan absoluto,
sin que se escapase bruto
que su nombre no temiese;
y, habiendo entre todos liga,
como durmiendo le vieron,
sus estados repartieron;
¡tanto la ambición instiga!
y, consultando sus robos,
afirman, mas será error,
que alguno que era pastor
se coligió con los lobos.
Por cuatro partes marcharon
y, arriesgando su fortuna,
le acometieron a una;
mas no le desafiaron,
que fue acción poco bizarra.
El león, que los sintió,
dio un bramido, bostezó
y enseñóles una garra,
con que, el ánimo perdido,
no hay quien del temor no muera;
si despertara, ¿qué hiciera
quien mata con un bramido?
No hay quien ose esperar ya,

después que el Alba salió,
u diga quien lo intentó
cómo en la Feria le va.
Brame España, que atropella
lobos con blasón eterno;
que las puertas del infierno
no prevalecen contra ella;
y dadme licencia a mí
que dé a nuestros mozos prisa.

Felipe   Pienso que salen de misa.

Alonso   Pues esperadlas aquí.

(Vase. Salen doña Mayor, doña Elena y don Luis.)

Mayor   ¡Qué imagen tan milagrosa!

Elena   Solo el verla da consuelo.

Mayor   Es depósito del cielo.
¡Qué devota, qué amorosa!

Elena   Cargada voy de medidas
y de medallas de plata.

Mayor   Como en ellas se retrata,
cuanto a Dios por ellas pidas,
tendrá salida mejor;
que para un amante fiel,
copias que imita el pincel
son sus cartas de favor.

Luis	Devotas las dos salís.
Mayor	De solo haberla mirado, el dolor se me ha quitado de cabeza.
Luis	Si dormís al fresco de esta mañana, cansancios restauraréis que experimentado habéis en la noche toledana.
Mayor	¡Y qué enfadosa que ha sido!
Elena	Señor don Felipe, ¿es hora de caminar?
Felipe	No, señora, pero rato ha que lo ha sido de que almorcemos; que está llamándonos quien lo guisa.
Elena	El comenzar por la misa buen fin al camino da.
Felipe	Según refrán castellano, por oírla y dar cebada, nunca se pierde jornada.
Mayor	Éste es proverbio cristiano.

Elena	Poco lo debe de ser quien por esta villa pasa, y a la Virgen en su casa ni visita ni va a ver.
Felipe	¿Qué es lo que la habéis pedido, por mi vida, Elena bella?
Luis	¿Qué ha de ser, siendo doncella? Por lo menos, un marido.
Elena	Pues ¿he de pedirla dos?
Luis	Para escoger, no tan malo.
Elena	Son tales, que los igualo a todos; líbreme Dios de súplica tan costosa; acreditad más mi seso.
Mayor	¡Ay prima!¿Para qué es eso, si allá te queda otra cosa?
Elena	Juzgas por tu pecho el mío.
Mayor	Yo, cuando en eso repares, los maridos tengo a pares.
Elena	¿Y son?
Mayor	Don Luis y Berrío.

Elena	Y vienen como perdices, chico con grande; mas ¿quién juzgas que te está más bien?
Mayor	Pues ¿eso, Elena, me dices? ¿Hay tal Lucas en el mundo? ¿Quién puede hacerle ventaja?
Elena	En dar a una mula paja, no debe tener segundo.
Mayor	Tú lo verás algún día, y envidiarás mis desvelos.
Luis	Burlas son; pero los celos, ni aun de burlas, Mayor mía.
Mayor	¿Burlas?¡Gentil desvarío! Pues ¿osaráse igualar en talle, en gracia, en hablar vuesa merced con Berrío? Vamos; que le quiero ver.
Elena	Basta, que en donosa has dado.
Mayor	Sobrestante del ganado no es marido de perder.

(Vanse doña Mayor y don Luis.)

Felipe	Esperad, señora, un poco, y pagad agradecida

a quien con vuestra partida
está, si no muerto, loco.
¡Qué de inconvenientes toco,
viendo que a la corte vais!
Si en su mar os engolfáis,
ya doy mi amor por perdido;
que es cortesano el olvido,
y ya en mí le ejecutáis.
Ausente, y sin despediros,
presente, y sin deteneros,
yo olvidado por quereros,
vos ingrata por partiros,
malogrados mis suspiros,
mi esperanza sin reparos,
siguiéndoos por obligaros,
y vos huyendo de verme,
¿qué fe puedo prometerme
de menosprecios tan claros?

Elena   Pues ¿sobre qué fundamento
intimáis quejas tan grandes?
¿Embárcome para Flandes?
¿Despliego velas al viento?
¿Voy a la corte de asiento,
o a celebrar convidada
de una prima concertada
una boda prevenida,
por ir vos, entretenida,
por ser suya, deseada?
No llegará el coche apenas
a San Isidro, la ermita
que a Manzanares limita

márgenes de sus arenas,
cuando alegres norabuenas
de desposada reciba,
y entre música festiva,
mientras que la palma toca,
desde la mano a la boca,
libre entre y salga cautiva.
¿Tan largo plazo es seis días
que podré con ella estar,
si vuelta luego he de dar,
para esas melancolías?

Felipe   Temen las sospechas mías
novedades cortesanas;
pero júzguense por vanas,
y decidme qué ocasión
da tanta prisa a esa acción;
que habrá muchas no livianas,
pues que bodas apresuran
antes de entrar en la corte.

Elena   Gozar los gustos sin porte
es lo que hoy todos procuran.
De los gastos se aseguran
los que en secreto se casan;
que ostentaciones abrasan
facultades caudalosas,
y las que son más lustrosas
duran poco y presto pasan.
Ya está la industria discreta
en la corte introducida;
la gala más recibida

por barata, es la bayeta;
la mejor boda es secreta,
y ya, en fin, en nuestros días
mercedes y señorías
se entierran a media noche,
llevando el cuerpo en un coche,
por ahorrar de cofradías.
Por eso don Luis se casa
según la ley del provecho,
hallándose lo más hecho
primero que entre en su casa.

Felipe   Prudencia es vivir con tasa;
también lo pienso imitar.

(Sale Casilda.)

Casilda   Señores, alto, a almorzar;
que llama el viejo.

Felipe   Advertid
que entráis, Elena, en Madrid,
y los naufragios del mar.

(Vanse doña Elena y don Felipe. Sale Carreño.)

Carreño   Mientras allá dentro almuerzan,
y a cabar viñas va el zafio,
¡oh tú... (parezco epitafio
de estos que vocablos fuerzan)
¡oh tú que empiezas con ca,
y llamándote Casilda,

III

tu nombre acaba en asilda,
porque te he de asir quizá,
si acaso se te ha pegado
el amor que es sarampión,
que de mesón en mesón
mil mozos ha salpicado,
advierte que desde ayer
que te advertí billetera,
mi voluntad casildera
casildar debe querer,
porque casi me encasildo,
Casilda, por ti y me abraso;
si con Casilda me caso,
casi engendraré un cabildo
de Casildicos entero,
que en cada casa y lugar
se casen por casildar
con el nombre casildero.

Casilda   ¿En qué bodegón comimos,
señor tahúr de vocablos?

Carreño   Señora afeita-retablos,
en ése donde estuvimos.
¿No es hembra? Yo, ¿no soy hombre?
¿Qué la sobra o qué me falta?
Sepa que el alma me asalta
la semejanza del nombre
que al mío principios da
con las dos letras primeras
que el suyo.

Casilda	¡Ay Dios! ¡Qué frioleras!
Carreño	¿Casilda no empieza en ca? ¿En ca Carreño no empieza? Pues si principios juntamos y con ellos nos casamos, dueño yo de tal belleza, del ca que mi nombre saca y el ca que en Casilda vemos, no es milagro que engendremos un niño que diga caca.
Casilda	Algo espeso es el conceto.
Carreño	Guisóle un ingenio ralo; vaya el ralo para malo; tú eres cuerda, yo discreto; si don Baltasar se casa con mi sá doña Mayor, ¿quién te puede estar mejor, pues todo se cae en casa? Acción los lacayos tienen a fámulas de las damas, pues son amos y son amas.
Casilda	¿Qué es aquello?
Carreño	Van y vienen de Madrid y de Toledo carros que, dándose vaya, son galeras de esta playa.

Casilda	Pues oigámoslos.
Carreño	No puedo; si no quedo tu privado y en astillero mi amor.
Casilda	Lo que fuese del señor, eso será del criado.

(Dentro.)

Una voz	«El sombrero de tema y el rostro zaino, mi moreno me mira a lo renegado.
Muchas voces	¡Jesús! ¡qué enojo! ¡Jesús! ¡qué enojo! Morenico del alma, levanta el rostro.
Otra voz	De Madrid a Getafe ponen dos leguas; veinte son si la calle se pone en cuenta.
Muchas voces	¡Jesús!¡qué larga! ¡Jesús!¡qué larga! No me lleves por ella, Diego del alma.»
Carretero 1.º	Deja de tañer el muerto,

	pues eres pandero vivo.
Carretero 2.º	¿Quién te mete en eso, chivo?
Carretero 3.º	Dalas, carretero tuerto, y callen los marïones.
Carretero 4.º	Señores berenjeneros, si pares, digo los cueros, si cueros, digo los nones.
Carretero 1.º	Ballenatos, ¡la ballena! que se os escapa el río abajo.
Carretero 2.º	¿Cuántas ha dado el badajo?
Carretero 1.º	Ballenato.
Carretero 2.º	Berenjena.
Carretero 3.º	Zupia.
Carretero 4.º	Mienten los vinorres.
Carretero 1.º	Echa ese estiércol, borracho.
Carretero 2.º	¡Ah, mula! Dalas, muchacho.
Muchas voces	Que te corres, que te corres.
Una voz	«Labradoras Getafe, Leganés mozos,

	Torrejón casaditas,
	Pinto uno y otro.
Muchas voces	¡Jesús!¡qué lindos!
	¡Jesús!¡qué lindos
	Torrejón, Valdemoro,
	Getafe y Pinto!»
Carreño	Esta sí ¡cuerpo de Dios!
	que es tierra alegre y sin miedo.
	¡Oh gran Madrid! ¡Oh Toledo!
	Dios me mate entre los dos.

(Sale don Luis.)

Luis	Alto, Casilda, de aquí,
	a almorzar.
Casilda	¿Han ya acabado
	los señores?
Luis	Ya han alzado
	las mesas.

[Hablan aparte Carreño y Casilda.]

Carreño	(Hermana, sí
	o no; de presto, decildo.)
Casilda	(Dejarámelo pensar.)
Carreño	(Carreña te has de llamar,

¡vive el cielo!)

Casilda   (¿Y tú?)

Carreño   (Casildo.)

(Vanse Carreño y Casilda. Sale don Baltasar.)

Baltasar   Hase quebrado una rueda,
                 y es fuerza arrancar más tarde.

Luis   ¡Un turco la flema aguarde
                 de un coche!

Baltasar   Medrano queda
                 dando prisa al aderezo.

Luis   ¿Mas que no llegamos hoy
                 a Madrid?

Baltasar   ¿No? Yo le doy
                 mi fe, si a correr empiezo
                 y las reatas acoto,
                 que llegue con más de un hora
                 de Sol allá. Escuche ahora;
                 mientras está el coche roto,
                 pues mi padrino ha de ser
                 y me tengo de casar,
                 ¿no sería bueno hablar
                 a mi suegro, y no perder
                 tiempo?

Luis	Sí, que el que comienza lo más hace; habladle vos.
Baltasar	¿Yo?
Luis	Pues ¿quién?
Baltasar	¡Bueno por Dios!
Luis	¿Por qué no?
Baltasar	Tengo vergüenza.
Luis	¿Qué hiciera la desposada?
Baltasar	Yo en estas cosas soy nuevo; dígaselo él.
Luis	No me atrevo.
Baltasar	Pues si no, no hay hecho nada; descasaréme sofato,(ipso facto) en no tratándose aquí; a ella le va más que a mí.
Luis	(¡Hay más simple mentecato!) ¿No aguardaréis coyuntura en Madrid?
Baltasar	¡Gentil espacio! ¿Somos novios de palacio? Aquí hay confites y cura;

boda que llega a enfriarse,
dizque llega a arrepentirse:
o dejarlo u concluirse.

(Salen don Alonso, doña Mayor, doña Elena, don Felipe, Casilda y Carreño.)

Alonso   ¡Miren dónde fue a quebrarse
            la rueda!

Mayor   ¿Qué hemos de hacer,
            sino sufrir y esperar?

Alonso   Dura un hora en un lugar
            más que un día.

Luis   Entretener
            os quiero mientras partimos.
            Habéis de saber, señor,
            que medra doña Mayor
            de consorte.

Alonso   Ya supimos
            que Berrío la ha mirado
            con achaques de marido.

Baltasar   ¿Quién? ¿Yo? La señora ha sido
            quien en tal flaqueza ha dado.

Alonso   Luego ¿ella os ruega?

Baltasar   Pues ¿no?

¿En esa ignorancia están?
A la vista de Magán,
cuente ella lo que pasó;
que yo de mis viñas vengo.

Alonso   Será como lo decís.
¿Mayor no ama a don Luis?

Mayor   Poca voluntad le tengo.

Alonso   ¿Y le ha parecido bien
Lucas?

Mayor   Extremadamente.

Alonso   Don Luis, como prudente,
conociendo su desdén,
no quiere mujer forzada.

Mayor   Solo en eso fue discreto.

Alonso   Soy padre suyo, en efecto;
temo verla mal casada.
¿No haré un acertado empleo,
si se la doy a Berrío?

Elena   Pues ¿no? ¡Jesús, señor tío!
Yo infinito lo deseo.

Luis   Ya yo le he dado mi voto.

Felipe   Lo demás fuera rigor.

Casilda	Medraré con tal señor.
Carreño	A ese parecer me acoto.
Alonso	Pues yo no lo contradigo, ya que todos me lo alaban.
Baltasar	Ténganse; luego ¿pensaban que está acabado conmigo? Sepamos primeramente el dote que me han de dar.
Alonso	Si Mayor me ha de heredar, no hay en eso inconveniente. Decidnos vos vuestra hacienda.
Baltasar	¿Piensan que el casarse es paja? Quien destaja, no baraja. Yo tengo, porque lo entienda, un solar en Lavapiés que, según mi hermano dijo, en muriéndosele un hijo, se ha de partir entre tres; en Torrejón dos majuelos, que ahora se han de plantar; ítem más, un melonar que he comprado en Cienpozuelos, y, si acierta la calaña, no es su ganancia pequeña; ítem más, tengo una haceña y una casa en la montaña

que, aunque se las llevó el río,
fácil alzarse podrán;
¿no es bueno el coche en que van?
pues la mitad de él es mío;
tres mulas y un macho romo,
y mi soldada cumplida
para la Pascua florida,
treinta ducados.

Alonso	¡Y cómo

que es caudaloso el mancebo!

Baltasar	Sendos vestidos de paño,

sin éste que compré antaño;
tres jubones, éste nuevo,
y dos que echándoles mangas,
harán también su fegura.

Alonso	¡Como quiera es la ventura!

Andaos a caza de gangas,
¡y dejad perder tal yerno!

Baltasar	Tengo cinco camisones,

dos sombreros, tres valones,
y un gabán para el invierno;
en Indias un par de tíos,
un sobrino colegial,
y el dotor del hospital
es deudo de deudos míos;
un familiar viejo y rico
de la santa esquisición...
Quedábaseme un lechón

tamaño como un borrico,
además del racionero
de Murcia, que dije ya.
¿Es barro esto?

Alonso   Bueno está;
mi yerno sois y heredero.
Aquí habéis de desposaros;
las manos los dos se den.

Baltasar   ¿Aquí?

Alonso   Sí.

Baltasar   ¿En un santiamén?

Alonso   Porque no podáis tornaros
atrás; que me estará mal,
si tan buen lance perdemos.

Baltasar   A mí, mas que nos casemos.

Luis   (¡Que alegre está el animal!)

Baltasar   Mas yo holgaréme, señor,
que otros también se casaran,
y el trabajo acompañaran
del matrimoño. Mijor
será dar al tiempo riendas;
presto los meses se pasan;
de doce en doce se casan
los más por carnestollendas;

	para entonces lo dejemos.
Mayor	¿Para entonces? No, Berrío; no, padre; no, Lucas mío.
Baltasar	A mí, mas que mos casemos; pero a solas, sentirélo.
Felipe	Pues hagamos una cosa; deme doña Elena hermosa la mano, pues quiso el cielo que la adore.
Elena	En hora buena.
Alonso	Alto, si ello está de Dios, cásense de dos en dos.
Mayor	Por muchos años, Elena.
Elena	Para servir a mi prima y a mi primo el sobrestante.
Baltasar	Señores, báilese y cante.
Luis	(¿No ven cómo se le arrima?)
Alonso	(Por Dios, que es el mejor rato que nunca pensé tener.)
Baltasar	Asentémonos, mujer.
Luis	Aparta allá, mentecato.

Baltasar	Pues ¿qué tenemos?
Alonso	Dejalde.

(A don Luis.)

Felipe	(¡Oh, si nos desbaratáis la fiesta...)
Alonso	Muy bien estáis, yierno, asentaos; Mayor, dalde la mano; yo gusto de eso.

(A don Alonso.)

Luis	(Para burlas bueno está. Ea, acábese esto ya.)
Alonso	(¿Estáis en vos?¡Gentil seso! Pues hácenos merced Dios en darnos con que alegrar molestias del esperar, ¿y alborotáisnoslas vos?)

(A don Luis.)

Elena	(Quien no tiene gusto en esto, preciarse de hombre no es justo.)
Luis	(¡Oh pesia a tal, con el gusto tan pesado y tan molesto!

	¿Queréis que permita yo que la mano a un bruto dé?)
Alonso	(Dejadnos, por Dios.)
Luis	(Sí haré.)
Baltasar	Pues Casilda, ¿en qué pecó? [...] Busquémosla un desposado.
Alonso	Ha dicho bien.
Felipe	Mi criado, como Casilda lo quiera, no tendrá gusto pequeño, que yo sé que la enamora.
Casilda	Pues se casa mi señora, vaya.
Felipe	Llégate, Carreño.
Carreño	Llego: esos nudos aplica.
Casilda	Tuyos con el alma son.
Carreño	Casamiento de mesón fayancas me pronostica.
Casilda	Aquí hay guitarra y pandero, que es provisión de posadas.

Alonso	Pues bailen las desposadas.
Baltasar	Aseguremos primero las bodas. Señora, diga, ¿quiere, en fin, ser mi mujer?
Mayor	Pues ¿no había de querer? Digo que sí.
Baltasar	¿Y que se obliga a quedarlo desde aquí para delante de Dios?
Mayor	Mil veces sí.¿Queréis vos ser mi marido?
Baltasar	Re-sí.
Luis	(¡Vive Dios!, que me dan pena [Aparte] estas burlas.¡Que haya humor que guste de esto!)
Baltasar	El señor ¿da el sí a la señora Elena?
Felipe	De marido y de mi dueño.
Baltasar	¿Y ella?
Elena	El alma con el sí.

Baltasar	¿Y Casilda?
Casilda	Ya le di
la mano.
Baltasar	¿Quiere Carreño
ser su esposo?
Carreño	Y enterrarla?
Elena	Testigos hay, no los llamen.
Baltasar	Todos dicen amen, amen,
sino es don Sancho que calla.

(Señalando a don Luis.)

Mayor	¿Qué importa, si os quiero yo?
Baltasar	Eso bonda: alto, a bailar,
y al que le diere pesar,
que le haga mala pro.

(Bailan. Sale Medrano.)

Medrano	Ya está aderezado el coche;
vengan a poner el hato.
Alonso	Yo he tenido un lindo rato.
Luis	Vamos; que, aunque sea de noche,
habemos hoy de llegar.

Alonso	Ea, Lucas, que en Madrid se hará lo demás; uncid.
Baltasar	Allá nos pueden velar el domingo, Dios delante, señor suegro.
Alonso	así ha de ser.
Baltasar	Entre, señora mujer.
Mayor	Entro, señor sobrestante.

(Vanse todos, y al entrarse don Baltasar, sale don Diego y le detiene.)

Diego	Esperad, Lucas Berrío (si en fe de vuestra nobleza juzgáis a título honroso que os hable de esta manera), admitid mil parabienes del hábito en que en Illescas os halla quien esperaba dároslos de una encomienda. Váyale a pedir albricias a vuestro padre el que intenta (por que alegren tales cargos su vejez) medrar con ellas; que cuando la acción honrosa del marquesado se pierda, por eso la equivaldrá

el ser mozo de litera.
Don Baltasar, ¿es posible
que en vos mocedades puedan
degenerar vuestra sangre,
y alargar tanto la rienda
a ilícitas travesuras,
que en tan civil traje os vea
quien, desmintiendo a sus ojos,
se holgara que nunca os vieran?
¿Vos mozo de mulas bajo?
Afrentad enhorabuena
vuestra sangre; pero no
a la mía hagáis afrenta.
Doña Ana de Castro os quiso
tanto que, andando en las lenguas
de toda su vecindad,
es causa que el seso pierda.
Persuadiónos, engañada,
a la pretensión honesta
que, enlazando corazones,
logra en tálamos la Iglesia:
amonestada con vos
dos veces, y la tercera
a punto de publicarse,
¿qué faltas vistes en ella
para ocasionar venganzas
a la sangre portuguesa,
que en respetos semejantes
o pierde el seso o se venga?
Agradeced mi templanza;
que, injuriado, bien pudiera,
publicando aquí quién sois,

sacaros a la vergüenza.
Amor todo lo perdona;
demos a la corte vuelta;
abrid al honor los ojos;
caballero sois; no pueda
más el vicio que la fama
en vos. Doña Ana os espera;
reparad obligaciones,
o si no, salgamos fuera
del lugar, donde la espada
os obligue a hacer por fuerza,
guiada de mi justicia,
lo que no puede la lengua.

Baltasar   Don Diego, bien sabéis vos
lo que mi crédito arriesga,
si con quien está casada,
al cielo ofender intenta.

Diego   ¡Casada!¿Cómo o con quién?

(Sale doña Mayor.)

Mayor (Aparte.) (Desposada estoy de veras,
aunque lo juzgue de burlas
mi padre.¡Gentil quimera
nos ha pasado este día!
¿Qué juicio habrá que crea
que por mano de mi padre
a darme la suya venga
quien, tan lejos de su gusto,
me quiere, y que lo consienta

el mismo que a desposarse
conmigo da tanta prisa?
Yo a lo menos con el alma
se la di; si es verdadera
su voluntad, hecho está,
suceda lo que suceda.)

Diego   Las cédulas que alegáis
bastantes estorbos fueran,
a no morir peleando
don Rodrigo, en fin Almeida.

Mayor   (¿Qué es esto, cielos?¿Qué escucho?
¿Ya hay perseguidor que venga
a desbaratar mis dichas?
¿Tan presto empezáis, sospechas?)

Diego   Testigo podéis ser vos,
cuyos ruegos y promesas
no han sacado de doña Ana
más que permitidas muestras
de amor, si habrá don Rodrigo
en cuanta correspondencia
con ella tuvo, alcanzado
cosa que agraviaros pueda.
Viuda está en la voluntad;
pero en lo demás defienda
el recato de su fama
su constancia y su entereza.
Ella os adora, y aquí
vuestra mocedad intenta
imposibles que esta noche

burlar vuestro amor es fuerza.
Don Luis ha de casarse,
según dicen, a las puertas
de Madrid; pues ¿qué intentáis
de tan difícil empresa?
Yo he de impediros a vos;
y si la vida me cuesta,
o habéis de cumplir palabras
o habéis de morir por ellas.
Determinaos brevemente.

Mayor   (Amor, escuchad respuestas
de una voluntad mudada
que el oro de su fe prueba.
Veamos qué le responde.)

Baltasar   Ahora bien, don Diego, venzan
obligaciones antiguas
mis inclinaciones nuevas.
Recelos bien indiciados
pudieron sacarme fuera
de juicio y de la corte:
hoy hemos de entrar en ella.

Diego   Si se casan esta noche,
como decís, poco cuesta
dar fin a esta travesura,
pues ya a entibiarse comienza.

Baltasar   No receléis desde ahora
que, animando diligencias,
mi competidor amante

por mí a doña Mayor pierda.
Ya veis que, siendo de día
y caminando con ella,
si me ausento o mudo traje,
doy que notar en Illescas;
sospechará don Luis
alguna cosa en ofensa
de la opinión de su dama,
no igualándola Lucrecia.
Proseguiré este viaje
y, aguardando a que anochezca,
la dejaré en San Isidro,
donde su tálamo aprestan,
y en hábito generoso,
verá vuestra prima bella
las ventajas con que amores
celosos su fuego aumentan.

Mayor (¡Oh mudable!¿así se pagan
primores que menosprecian
leyes de padre que obligan
al yugo de obediencia?
Ya yo soy tu esposa, ingrato.
Cuando incasable me dejas,
¿tu valor y mi fe agravias?
Pues antes que tal consienta,
te he de hacer quitar la vida.)

Diego ahora que os aconseja
la sangre que ilustre os honra,
contra lo que el gusto aprueba,
os doy los brazos de amigo.

Mayor	(¡Ay Dios!¡Si de tigre fueran!)
Diego	En San Isidro os aguardo.
Baltasar	Son vigilia de su fiesta los celos en los amores. Dad a mi enojada prenda mil disculpas de mi parte.
Diego	Y mil placeres con ellas.

(Vase. Salen don Alonso, doña Elena, don Luis, Casilda, Medrano.)

Alonso	Mayor, ¿qué aguardas? Partamos, que es tarde.
Luis	Lucas, daos prisa; sacad la mula a mi esposa.
Baltasar	¿Su quién?
Luis	Iba a decir, vuestra. Acabemos, pues, que es tarde.
Mayor	Primero que suba en ella, lleven preso a ese homicida.
Alonso	¿A quién?
Mayor	A ese hombre.¿Qué esperan?

Alonso	¿Estás en ti?
Mayor	No lo he estado; ya desengañada y cuerda, convalece mi juicio. Vaya preso.
Baltasar	¿Habla de veras?
Mayor	(Porque os casasteis de burlas.)
Baltasar	¿Qué hice yo porque me prendan?
Mayor	Vos matasteis a González.
Alonso	¿Cómo?
Baltasar	¿Yo?
Mayor	Vos, buena pieza. Ahora se lo contaba a otro hombre y, sin que me vieran, lo escuché desde aquí todo.
Baltasar	(¡Mi bien!)
Mayor	No me hable a la oreja.
Baltasar	(¿No quedamos que en Madrid me prendiesen?)
Mayor	(Ya van fuera

las burlas; esto es verdad;
así mi agravio se venga.)

Alonso   ¿Que este hombre mató a González?

Mayor   Sí, señor. ¡Miren cuál queda
            la pobre Mari-Rodríguez
            con dos criaturas pequeñas!
            Leche su madre me ha dado,
            y está la afligida vieja
            casi ciega de llorar.

Alonso   Llamad la justicia.

Baltasar   Fuera.
            Ninguno se acerque, digo,
            si no es que aburrida tenga
            la vida; apártense a un lado.

(Hácese lugar por en medio de todos, y vase.)

Alonso   Tenedle, cerrad las puertas.

Medrano   Es hombre que dice y hace.

Mayor   Vayan tras él; si no, adviertan
            que no he de salir de aquí
            hasta tanto que le prendan.

Alonso   Déjale; vaya con Dios;
            que embargarán la litera
            y el coche por la justicia,

con que ahora nos detengan.
Hagamos nuestra jornada;
que cuando allá no parezca,
siendo el medio coche suyo,
aunque poco, al fin es prenda.
El solar de Lavapiés
lo pagará, u de mi hacienda
remediaré viuda y hijos.

Mayor   ¿Eso dices?

Alonso   Calla, necia;
no lo oigan en la posada,
que no lo sabrán apenas
cuando la justicia estorbe
nuestro camino.

(Salen don Felipe y Carreño.)

Felipe   ¿Hay pendencia?
¿Qué es esto, señores?

Alonso   Nada.

Mayor   (¡Ay don Felipe! Desprecia
mi amor vuestro falso amigo;
id tras él; que se me ausenta,
y se va a casar con otra.)

Felipe   (¿Qué decís?)

Mayor   (Que el verme muerta

y el perderle todo es uno.
Mi desdicha en vos espera.)

Alonso	Saquen las cabalgaduras.
Luis	¡Que tantas cosas sucedan desde Toledo a Madrid!
Alonso	Pues aun nos faltan seis leguas.

(Vanse todos, menos don Felipe y Carreño.)

Felipe	Carreño, prevenme postas.
Carreño	Pues ¿para qué?
Felipe	Hay cosas nuevas que sabrás por el camino.
Carreño	Dios nos saque con bien de ellas.

(Vanse. Salen Pacheco y García.)

Pacheco	¿Está ya aderezada la cena?
García	Y de esperar, casi pasada.
Pacheco	No hayáis miedo que tarden. Mejor es aguardar, que no que aguarden.

García	En fin, ¿en esta ermita resuelven desposarse?
Pacheco	Solicita amor ahorrar de plazos, y excúsanse convites y embarazos.
García	¿Cuántos serán de mesa?
Pacheco	Seis o siete no más. Démonos prisa.
García	¿En qué, si ha ya dos horas que desean parir las cantimploras?
Pacheco	Será comadre el vidro del nevado licor; mas San Isidro nos brinda con la fuente que de Juan aplacó la sed ardiente.
García	Quita las calenturas.
Pacheco	No las de amor que, honesto, son se- guras.
García	¡Quién viera dilatada esta ermita, a tal santo dedicada!
Pacheco	¡Milagroso aldeano, que ya en el cielo es rey y es cortesano!
García	Bien aquí pareciera un convento magnífico.

Pacheco	Estuviera devoto y adornado, y dejara a Madrid autorizado.
García	Su patrona es la villa; algún día lo hará.¿Y en la capilla han de cenar?
Pacheco	Escojan; que en el campo calores no congojan, pues ha de ser de noche.
García	Ameno está aquel prado.
Pacheco	Éste es el coche.
García	Andad, que son dos carros. ¿No escucháis de sus mozos los desga- rros?

(Salen don Felipe y Carreño.)

Felipe	Si doña Ana ha podido resucitar a amor puesto en olvido, y con ella se casa don Baltasar, doña Mayor se abrasa de celos; y en su pena interesada, perderé a mi Elena.
Carreño	Yo no poco me holgara que en favor de doña Ana sentenciara

la voluntad traviesa;
que es digna de adorar la portuguesa.

Felipe   ¿Dónde se habrá escondido
don Baltasar, que hallarle no he podido?

Carreño   En casa de doña Ana.

Felipe   En ella me apeé; mas salió vana
mi diligencia.

Carreño   ¿Y llora?

Felipe   Risueño llanto contemplé en su aurora.

(Se acercan a Pacheco y García.)

Felipe   Hidalgos, ¿son criados
del señor don Luis?

García   Sus paniaguados.

Felipe   ¿Tendránle prevenida
la cena aquí?

García   Y con nieve la bebida.

Felipe   Pues yo me aparté de ellos
en Illescas no ha mucho, y son aquéllos,
si no me engaño.

(Dentro.)

Alonso   Para.

Pacheco   ¡Hola! ¡A poner a asar!

(Vanse Pacheco y García.)

[Felipe]   ¡Oh noche clara!
                ¡Qué de nubes que esperas,
                de celos, confusiones y quimeras!

(Vanse don Felipe y Carreño. Salen don Alonso, doña Mayor, don Luis, doña Elena, y Casilda.)

Mayor   No tienen que persuadirme;
                que mientras no le pusieren
                en la cárcel, no hay casarme.

Alonso   Pues ¿qué dependencia tienen
                de su prisión estas bodas?

Mayor   Yo me entiendo y Dios me entiende.

Luis   Mi bien, si en la Babilonia
                de la corte no parece,
                ¿por eso es razón que yo
                lo padezca?

Mayor   Diligencie
                vuesa merced mi venganza,
                o no diga que me quiere.

143

Alonso	¡Válgate Dios por camino!
	Mayor, ¿qué es esto que tienes?
	¿Si las congojas del Sol
	te han quitado el seso?
Mayor	Lleven
	al homicida a la cárcel,
	y entonces verán qué alegre
	a don Luis le doy la mano;
	pero si no, desesperen.
Casilda	Ella ha dado en ser temosa.
Elena	Prima...
Luis	Esposa...
Alonso	Hija...
Mayor	¿Quieren
	que me arroje de aquí abajo?
	O se vayan o me dejen.
Luis	Casémonos; que, casados,
	aunque la hacienda me cueste,
	no descansaré hasta hallarle.
Mayor	No he de casarme hasta verle
	en la cárcel por mis ojos;
	denme este gusto, y sosieguen
	con que seré esposa al punto
	del señor don Luis.

| Luis | ¿Qué tiene
que ver lo uno con lo otro? |
| --- | --- |
| Mayor | Yo me entiendo y Dios me entiende. |

(Sale don Felipe.)

Felipe	Señores...
Mayor	¡Ay don Felipe!
¿Pareció Lucas?
Felipe	Dejéle
en Santa Cruz retraído.
Mayor	¿Ven como él le dio la muerte?
Alonso	Pues ¿de cuándo acá amas tanto
al difunto?
Mayor	Diome leche
su madre, y he de vengar
la sangre de un inocente.
Luis	Pues, estando retraído,
¿cómo habemos de prenderle?
Mayor	Yo sé dónde le hallarán,
si le buscan diligentes,
esta noche.

Alonso	Dinos dónde.
Mayor	Prenderánle, como acierten en casa de una doña Ana de Castro, infaliblemente.
Luis	¿Dónde vive?
Mayor	¿Qué sé yo? Diránlo sus portugueses.
Casilda	Buscad a San Pedro en Roma.
Luis	Ella está loca.
Alonso	¿Qué sientes, hija? ¿Si me la han aojado?
Mayor	Yo me entiendo y Dios me entiende.

(Salen don Baltasar, muy bizarro, y Carreño.)

Baltasar	Mil veces sean bien venidos a Madrid vuesas mercedes.
Alonso	Y vos, señor, bien llegado. ¿Qué mandáis, pues?
Baltasar	Que se quieten todos estos sobresaltos, y doña Mayor alegre con su mano mi esperanza.

Luis	¿Cómo es eso?
Baltasar	No se altere . ninguno; Lucas Berrío está aquí; si ya no quieren que sea don Baltasar de Córdoba, que pretende llevar su esposa a su casa.
Luis	¿Quién es su esposa?
Baltasar	Bien pueden, si todos fueron testigos, a sí mismos responderse. ¿No nos desposó su padre en Illescas? ¿Qué pretenden?
Carreño	Encorozar nuestra novia, si la hacen casar dos veces.
Alonso	Ésa fue boda de burlas.
Baltasar	Yo de veras hablé siempre.
Mayor	Y yo también.
Luis	¡Oh traidores! Armas tengo que me venguen.
Felipe	Perderéisos; don Luis, deteneos y, más prudente,

envidiad conformidades
que se aman y os aborrecen.
Don Baltasar es tan noble,
que en Córdoba resplandece
para gloria de su fama
la luz de sus ascendientes;
seis mil ducados de renta
la senectud le promete
de un siglo de años que presto
marqués imagina verle;
mirad con quién competís.

Luis   Nada mi sangre le debe;
            mis agravios, sí, infinito;
            pero Madrid tiene jueces
            y mi satisfacción armas.

(Vase.)

Carreño   Eso sí, vaya y pleitee,
            dejándonos a la novia.

(Sale don Diego.)

Diego   Don Baltasar, hoy suceden
            las cosas a vuestro gusto.
            Don Rodrigo, cuya muerte
            fingió el vulgo mentiroso,
            está en la corte y previene
            confirmar cédulas nobles
            con las obras, que agradece
            mi prima, ya esposa suya.

Baltasar	Siglos en vez de años cuenten.
Mayor	De ese modo asegurada, solo falta que nos eche mi padre su bendición.
Alonso	Vaya, pues que Dios lo quiere. Mas ¿fue de veras también el desposorio solemne de Elena y de don Felipe?
Felipe	Pues ¿de eso dudáis?
Alonso	Celebren unas y otra vuestra industria.
Carreño	Y digan vuesas mercedes, las nuestras ¿en qué pecaron?
Baltasar	Dote os daré competente.
Alonso	Vamos a cenar ahora.
Baltasar	Esto y mucho más sucede desde Toledo a Madrid, aunque es jornada tan breve.

Fin

Libros a la carta

A la carta es un servicio especializado para
empresas,
librerías,
bibliotecas,
editoriales
y centros de enseñanza;
y permite confeccionar libros que, por su formato y concepción, sirven a los propósitos más específicos de estas instituciones.

Las empresas nos encargan ediciones personalizadas para marketing editorial o para regalos institucionales. Y los interesados solicitan, a título personal, ediciones antiguas, o no disponibles en el mercado; y las acompañan con notas y comentarios críticos.

Las ediciones tienen como apoyo un libro de estilo con todo tipo de referencias sobre los criterios de tratamiento tipográfico aplicados a nuestros libros que puede ser consultado en Linkgua-ediciones.com.

Linkgua edita por encargo diferentes versiones de una misma obra con distintos tratamientos ortotipográficos (actualizaciones de carácter divulgativo de un clásico, o versiones estrictamente fieles a la edición original de referencia).

Este servicio de ediciones a la carta le permitirá, si usted se dedica a la enseñanza, tener una forma de hacer pública su interpretación de un texto y, sobre una versión digitalizada «base», usted podrá introducir interpretaciones del texto fuente. Es un tópico que los profesores denuncien en clase los desmanes de una edición, o vayan comentando errores de interpretación de un texto y esta es una solución útil a esa necesidad del mundo académico.

Asimismo publicamos de manera sistemática, en un mismo catálogo, tesis doctorales y actas de congresos académicos, que son distribuidas a través de nuestra Web.

El servicio de «libros a la carta» funciona de dos formas.

1. Tenemos un fondo de libros digitalizados que usted puede personalizar en tiradas de al menos cinco ejemplares. Estas personalizaciones pueden ser de todo tipo: añadir notas de clase para uso de un grupo de estudiantes, introducir logos corporativos para uso con fines de marketing empresarial, etc. etc.

2. Buscamos libros descatalogados de otras editoriales y los reeditamos en tiradas cortas a petición de un cliente.

Printed in Poland
by Amazon Fulfillment
Poland Sp. z o.o., Wrocław

69305514R00090